AGIR E PENSAR COMO

AGIR E PENSAR COMO
O Pequeno Príncipe

Stéphane Garnier

Tradução
Erika Nogueira Vieira

Academia

Copyright © Éditions de l'Opportun, 2021
Copyright © Editora Planeta do Brasil, 2021
Copyright © Erika Nogueira Vieira
Todos os direitos reservados.
Título original: *Agir et Penser Comme Le Petit Prince*

Preparação: Bárbara Parente
Revisão: Elisa Martins e Andréa Bruno
Projeto gráfico: adaptado do projeto original de Isabelle Glomaud
Diagramação: Márcia Matos
Imagens de capa e miolo: Le Petit Prince ® © Succession Antoine de Saint-Exupéry – 2021
Capa: adaptada do projeto gráfico original de olo.éditions

Dados Internacionais de Catalogação na Publicação (CIP)
Angélica Ilacqua CRB-8/7057

Garnier, Stéphane
  Agir e pensar como o Pequeno Príncipe / Stéphane Garnier; tradução de Erika Nogueira Vieira. - São Paulo: Planeta, 2021.
  224 p.

ISBN 978-65-5535-477-5
Título original: Agir et Penser Comme Le Petit Prince

1. Desenvolvimento pessoal 2. Saint-Exupéry, Antoine, 1900-1944. O Pequeno Príncipe I. Título II. Nogueira Vieira, Erika

21-3378   CDD 158.1

Índice para catálogo sistemático:

1. Desenvolvimento pessoal

Ao escolher este livro, você está apoiando o manejo responsável das florestas do mundo

2021
Todos os direitos desta edição reservados à
EDITORA PLANETA DO BRASIL LTDA.
Rua Bela Cintra, 986 – 4º andar
01415-002 – Consolação
São Paulo-SP
www.planetadelivros.com.br
faleconosco@editoraplaneta.com.br

SUMÁRIO

Prefácio	11
Antes de começar este livro...	13
Sobre uma nuvem	14
Lançar um olhar diferente sobre o mundo	23
Ser determinado e decidido	32
Saber se desligar da realidade	40
Diferenciar o urgente do importante	47
Saber fazer o bem a si mesmo	55
Proteger seu sonho	63
Saber amar	70
Saber virar a página	79
Ser insubordinado e incorruptível	87
Saber permanecer humilde	92
Ser curioso, explorador, saber se maravilhar com tudo	100
Ser rico com o que tem	109
Trabalhar com o que gosta... Sentir-se útil com aquilo que faz...	117
Deixar uma marca	124
Colocar-se ao alcance dos outros	133
Criar laços	139
Viver sem pressa	147
Livrar-se do julgamento dos outros	154

Não mais procurar, mas descobrir	161
Ser livre	169
Aceitar ser incompreendido	176
Enxergar para além do real, o invisível	183
Saber julgar de acordo com outros critérios	191
Acreditar e manter viva a esperança	199
Saber ir embora… deixar ir e não ficar mais sozinho	205
E voltar para a sua nuvem…	210
E encontrar o Pequeno Príncipe em seu âmago	215
No espelho, uma criança, um reflexo de si	217
Bibliografia	220

PARA GALOU E SANOU,
MEUS QUERIDOS
PEQUENOS PRÍNCIPES

DEDICATÓRIA

Porque dar um livro de presente é um ato de amor...

Esta obra é sua, é uma oportunidade de, quem sabe, transmitir uma mensagem, de oferecê-la de presente a uma pessoa especial.
Porque uma mensagem pessoal vale muito mais do que a dedicatória de um autor.

Eu dedico este livro a

_____

Porque...

_____

_____

_____

_____

_____

PREFÁCIO

Muitos estudos já ressaltaram a importância da leitura das entrelinhas de um livro. Tentar decifrar certos símbolos ou significados ocultos que Antoine de Saint-Exupéry procurou inserir em seu livro proporciona uma leitura diferente de sua obra.

Assim, procurei me conectar ao Pequeno Príncipe em si, às suas palavras, às suas dúvidas, à sua busca, aos valores e sonhos que ele carrega e às ideias que ele projeta.

O essencial não é o que há para se entender em um texto, mas o que se deseja compreender a partir dele.

O Pequeno Príncipe personifica uma abordagem diferente daquela que podemos ter a respeito da vida.

Para além do autor, desejei me fixar ao personagem e decifrar o que o motiva e impulsiona na vida para descobrir como esse homenzinho, esse mago, mais cedo ou mais tarde, independentemente da nossa idade, da cultura em que estamos inseridos ou do nosso idioma, nos comove, nos toca, nos seduz, nos fascina e nos faz sonhar.

Por fim, ao longo desta releitura – o que eu já não fazia havia muito tempo –, acabei adotando suas ideias. Faltava apenas adaptá-las à minha vida, o que eu aqui proponho a você.

Como é possível que sejamos todos parte desse Pequeno Príncipe que às vezes tendemos a esquecer?

ANTES DE COMEÇAR
ESTE LIVRO...

Anote aqui todos os sonhos, vontades e desejos que você tinha quando era criança… quando pensava em como seria sua vida no futuro.

Sem mentir, sem deixar de lado o voto mais sincero que você fez, recorde-se daquilo que mais desejou para si mesmo no passado.

Mesmo que isso lhe pareça maluquice hoje em dia!

SOBRE UMA NUVEM

*"Todas as pessoas grandes
foram um dia crianças — mas
poucas se lembram disso."*

AGIR E PENSAR COMO O PEQUENO PRÍNCIPE

Quando foi que li *O Pequeno Príncipe* pela primeira vez? Eu já não me lembro.

Como todo mundo, eu sabia que já tinha lido esse livro... Mas o que guardei dele ao longo do tempo? Quando entendi pela primeira vez o que ele realmente queria me dizer? E, ainda, o que restou dele nos anos que se seguiram?

A primeira vez. A exata primeira vez. Sem dúvida.

Antes que eu crescesse. Antes que eu passasse a racionalizar as coisas. Antes que eu estivesse com os dois pés no mundo dos adultos, aquele que então me ofereciam, me vendiam, como sendo a realidade.

A exata primeira vez... antes que eu me esquecesse.

"Era uma vez o Pequeno Príncipe", mesmo que Antoine de Saint-Exupéry nunca tenha desejado começar seu livro assim, acrescentar "Era uma vez" a esse título é como devolver a ele uma parte de sua magia, uma parte do sonho que todos nós tínhamos quando crianças. E acreditar que a magia ainda existe.

O Pequeno Príncipe é muito mais do que um livro. Para além de seu sucesso no mundo inteiro – ele foi traduzido para trezentos idiomas e dialetos –, ainda resta aquela pequena porção dele que se cristalizou em nós, em nossa infância. Essa mesma porção que, por vezes, decidimos rechaçar para o mais longe pos-

SOBRE UMA NUVEM

sível de nossa existência ao longo dos anos, para nos lançarmos a passos largos, assim que a oportunidade se apresenta, no caminho dos adultos.

O trajeto que precisamos seguir para nos tornarmos adultos, no entanto, ficou cada vez mais difícil de desviar à medida que avançamos.

No início, quando damos nossos primeiros passos na infância, a estrada é ladeada de árvores, flores, pássaros e campos. Depois, no decorrer do caminho, quando a idade avança, pequenas muretas se põem a delimitar as imediações, e então, mais adiante, surgem algumas sebes cuja altura não para de aumentar.

Apesar disso, o caminho dos adultos precisa ser seguido, é impossível recuar, fazer um desvio, dar meia-volta a certa altura. Deve-se seguir em frente sempre.

Depois das muretas baixas, algumas barreiras e paliçadas feitas de treliças de madeira começam a florescer ao longo da margem da estrada, antes que os primeiros muros sejam erguidos, pedra sobre pedra, cobertas por hera, e então tijolo sobre tijolo, cada vez mais altos.

Tão altos que, depois de certo momento, o sol começa a ter dificuldade de aparecer no alto para nos iluminar, para nos aquecer. E, com o tamanho dos muros, as sombras nascem, cada vez maiores, projetando-se contra as fachadas.

Quanto mais avançamos em nossa caminhada, sem ter escolha, mais nos afastamos da história e da magia do mundo de nossa infância.

Tudo então se torna quadrado, quantificado, cartesiano, lógico, real, concreto, palpável, demonstrável... Tudo tem de assumir um significado como em um tabuleiro de xadrez, entre as casas para encaixar, preencher, mover.

A única coisa que impera a esse ponto, quando se chega à idade adulta, é a visão imutável de São Tomé, que não para de repetir: "Só acredito vendo".

A magia então para de funcionar.

É o exato oposto do mundo de *O Pequeno Príncipe*, daquilo que vivemos em nossa infância, inventando histórias, mundos imaginários, monstros, deuses, reis, rainhas, continentes a serem conquistados, para que nosso mundo pueril e infantil se embelezasse a cada dia, se tornasse magnífico, maior e mais brilhante diante dos nossos olhos.

O Pequeno Príncipe permanece ainda hoje, para cada pessoa, um vestígio daquilo que um dia fomos quando crianças. É a verdade profunda, antes que os anos viessem e se acumulassem.

SOBRE UMA NUVEM

O Pequeno Príncipe é, ainda hoje, ao relê-lo, a pedra filosofal capaz de falar com a criança que eu fui no passado.

Uma pedra filosofal capaz, se eu assim o desejar, de transformar mais uma vez a minha visão do mundo e da vida. Uma pedra mágica que atua em meu espírito, tentando transformar esses muros altos e cinzentos, que vão se estreitando nas margens do caminho da vida adulta, e fazer deles uma renda de fios dourados para que a luz volte a atravessá-los, de modo que, em cada voluta dourada, sua luz e seu calor reverberem para aquecer ainda, no meio dessa estrada da vida, o restante dos anos que estão por vir.

Não se guarda o ouro em um cofre para que ele perca seu brilho e seu valor; nós semeamos o ouro, o colhemos, e *O Pequeno Príncipe* está aqui até hoje para que nenhum de nós nos esqueçamos disso.

Será que somos capazes de encontrar a criança que ainda repousa em cada um de nós?

Em caso positivo, como fazer isso?

E se o Pequeno Príncipe lhe abrisse o seu diário de bordo interior... para que você retome o caminho e redescubra aquele olhar infantil em um mundo que às vezes parece enlouquecer?

E MEU PEQUENO PRÍNCIPE ME DISSE...

"É preciso ter um ego descomunal
para saber continuar a ser criança...
ou simplesmente amar a si mesmo."

LANÇAR UM OLHAR DIFERENTE SOBRE O MUNDO

COMO O PEQUENO PRÍNCIPE

"A Terra não é um planeta qualquer!"

Entre uma guerrinha de castanhas e outra na praça da prefeitura da minha cidade, Beynost, quando eu era mais novo, enquanto o padre nos repreendia e nos obrigava a entrar para nossa aula de catecismo, como qualquer criança, eu me fazia mil perguntas.

Uma delas me incomodava em particular.

Tínhamos acabado de repassar pela enésima vez o Velho, o Novo, o apócrifo, assim como o futuro Testamentos, e era hora de retomar a guerrinha, o sinal do fim da aula tinha tocado e todos os meus amigos saíam. Fingindo guardar as minhas coisas, eu me voltei para o padre antes de sair e perguntei: "Se Deus criou tudo, ele criou o mundo inteirinho?".

Sim, me respondeu o bondoso padre.

"E o universo inteiro também?"

Sim, me respondeu o bondoso padre.

"Mas... depois do universo... o que é que existe?", perguntei a ele.

Ele hesitou, depois ficou calado. Ainda hoje, aguardo a resposta que não veio.

Agir e pensar como o Pequeno Príncipe é, acima de tudo, mudar a forma como encaramos o mundo, as pessoas e as coisas que nos rodeiam.

Agir e pensar como o Pequeno Príncipe é acei-

LANÇAR UM OLHAR DIFERENTE SOBRE O MUNDO

tar que tudo aquilo que aprendemos enquanto crescemos é, na melhor das hipóteses, apenas uma meia verdade, se não for totalmente falso.

Todos nós, seres humanos, temos o mesmo defeito: acreditar, à medida que os anos de vida avançam, que crescemos tanto em tamanho quanto em espírito.

Isso é verdade quando se trata de conceitos e conhecimentos criados e desenvolvidos pelos seres humanos, mas é falso quando se trata da compreensão do mundo como um todo.

Na realidade, esse conhecimento sensível, sensitivo, inato, vamos perdendo em parte, à medida que crescemos, e às vezes o perdemos na totalidade pelo caminho.

Com os centímetros que ganhamos ao crescer, acreditamos estar nos aproximando das alturas do conhecimento, do céu e das estrelas da sabedoria, quando, na verdade, sem nunca alcançá-los, estamos apenas nos afastando da Terra.

É disto que, entre outras coisas, o Pequeno Príncipe nos lembra: quando crescemos, a sabedoria e o conhecimento que acreditamos ganhar não são capazes de preencher e substituir a magia do mundo na percepção de uma criança – uma beleza rara, que nos escapa no presente.

Como em *O Pequeno Príncipe*, a maioria das crianças vê apenas o bem ou o mal, o preto ou o branco, as risadas ou as lágrimas... Quando, mais tarde, tudo gera dúvidas, confusão e compromissos.

Tudo do mundo dos adultos se torna então apenas uma paleta de tons de cinza. No entanto, a gente vai se acostumando, mais ou menos bem...

É mesmo digno de tanta inveja não saber mais o que é certo e o que é errado? Ser capaz de explicar, racionalizar, desculpar, compreender, tolerar tudo, até as piores coisas?

Embora existam nuances necessárias e aceitáveis, ainda assim é preciso constatar que as nuances da nossa vida, sejam elas humanas, políticas, românticas, profissionais, ecológicas ou pessoais, muitas vezes têm uma cor mutável.

Já não se trata mais dos azulados ao redor daquilo que é aceitável, mas de um castanho-esverdeado que os tons da nossa vida assumem. Aquela cor de podridão, de mofo, quando os cogumelos se põem a crescer sobre os sentimentos sinceros e as convicções mais honestas.

É a cor da indecisão e da inércia, a cor dos adultos que, de tanto duvidar, preferem enfiar a cabeça na areia e viver na negação.

LANÇAR UM OLHAR DIFERENTE SOBRE O MUNDO

Já não há mais cor-de-rosa, não há mais pôr do sol, não há mais água límpida no meio do deserto como em *O Pequeno Príncipe*, porque as flores murcharam, a água estancou e imensas nuvens cinzentas se condensaram e estagnaram diante do astro luminoso.

E se...

E se fizéssemos um esforço para observar novamente o mundo como o Pequeno Príncipe?

O que enxergaríamos? O que isso renderia?

Talvez tenhamos medo de lançar mais uma vez aquele olhar infantil para o que construímos. Talvez estejamos com receio de enxergar toda a efemeridade e a inutilidade do que acumulamos, compramos, daquilo por que lutamos, em detrimento do que era realmente importante aos nossos olhos... em outra época... e não faz tanto tempo assim.

É tão fácil refugiar-se no status de adulto, de "sabido", de experiente... para esquivar-se de enxergar o mundo do ponto de vista de uma criança... para não termos de nos lembrar dos sonhos que tivemos, das pessoas que de fato importavam.

É tão fácil nos convencermos de que sabemos, quando estivemos prestes a esquecer as evidências daquilo que a felicidade constrói na perspectiva de uma criança.

E se...

Quem ousará, nem que seja por um momento, voltar-se para observar o caminho percorrido com aquele olhar risonho?

Talvez o fardo não seja tão terrível, e os erros cometidos, pouco importantes.

Se conseguirmos encarar nosso passado com esse olhar infantil, não teremos tudo para ganhar com isso no futuro? Para decidir amanhã, com o coração, de maneira mais simples?

Se você tem filhos, faça um teste simples: conte a eles um episódio de sua vida, um momento em que você teve de tomar uma decisão importante, uma mudança de trabalho ou de casa... E pergunte o que teriam feito em seu lugar.

Muito provavelmente eles começarão a pesar os prós e os contras fazendo-lhe algumas perguntas simples. Perguntas que apenas revelarão as consequências dessa escolha sobre sua felicidade pessoal, sem nenhum outro elemento ou argumento de interação nessa decisão.

É até bastante provável que façam perguntas que você, em virtude da simplicidade delas, não tenha feito a si mesmo ao tomar aquela decisão. As obviedades às vezes saltam aos olhos quando saem da boca de uma criança.

As decisões racionais, pensadas e maduras nem sempre se referem à decisão correta, porque voluntariamente omitem da equação a parte sensível, ressentida, a curva do caminho da alma característica de cada um, aquela que apenas o olhar de uma criança pode perceber.

DIÁRIO DE BORDO
"E voltar a assumir um olhar infantil para observar o mundo, compreendê-lo e tomar boas decisões."

E MEU PEQUENO PRÍNCIPE ME DISSE...

"Somos todos iniciantes, aprendizes perante a vida. Aquele que acha que já não o é, na verdade, se torna o iniciante de fato."

SER DETERMINADO E DECIDIDO

COMO O PEQUENO PRÍNCIPE

Persistente, o Pequeno Príncipe não deixa de insistir quando não consegue o que quer, como no caso de seu carneiro ou nas respostas às suas perguntas.

Ele insiste até conseguir, até saber. Ele nunca abre mão, seja qual for o assunto, como por ocasião do acendedor de lampiões ou do empresário. Mesmo que nem todas as respostas lhe convenham, mesmo que elas o deixem perplexo ou lhe pareçam inúteis, a partir daquele momento, ele sabe. Ele levará ou não a resposta em consideração, mas uma coisa é certa: ele continuará percorrendo seu caminho depois de obter o que deseja.

Para além da curiosidade, trata-se de uma forma de busca. E o Pequeno Príncipe não pretende desistir de suas vontades ou de suas necessidades de saber as respostas até que as obtenha.

Decidido a saber, decidido a compreender, decidido a obter o que deseja, ao agir desse modo, o Pequeno Príncipe nos mostra como ele passa para a ação, uma prática da qual todos nós podemos nos apropriar: estar decidido a... estar determinado a... até conseguir.

Parece simples. Mas será que é suficiente apenas insistir para conseguir aquilo que se deseja?

Você acha que talvez...

Pois é, às vezes é simples assim.

SER DETERMINADO E DECIDIDO

No caso de você saber exatamente o que quer...
Ouça o Pequeno Príncipe:

— Por favor... desenha-me um carneiro...
[...]
Então eu desenhei.
Olhou atentamente e disse:
— Não! Esse já está muito doente. Desenha outro.
Desenhei de novo.
Meu amigo sorriu, paciente, com bondade:
— Bem vês que isto não é um carneiro. É um bode... Olha os chifres...
Fiz mais uma vez o desenho. Mas ele foi recusado como os anteriores:
— Esse aí é muito velho. Quero um carneiro que viva muito tempo.
Então, perdendo a paciência, e como tinha pressa em desmontar o motor, rabisquei o desenho ao lado. E arrisquei:
— Esta é a caixa. O carneiro que queres está aí dentro.
E fiquei surpreso ao ver iluminar-se a face do meu pequeno juiz:
— Era assim mesmo que eu queria![1]

---

1. Capítulo II.

Nessa passagem, o Pequeno Príncipe não deseja apenas que lhe desenhem um carneiro, ele sabe especificamente o carneiro que deseja.

O piloto então recomeça quantas vezes forem necessárias, para se aproximar o máximo possível do desejo do Pequeno Príncipe.

Naquele momento acontece um fenômeno estranho: enquanto o próprio piloto estava muito preocupado e bem ocupado se perguntando como conseguiria consertar seu avião para ir embora, ele se submeteu à vontade da criança loira que, por sua vez, sabe exatamente o carneiro que deseja obter para poder levá-lo de volta ao seu planeta.

Ele pede, na verdade, que seu sonho seja realizado à altura de sua imaginação, não à altura do mundo real e das possibilidades, por meio do piloto, que são oferecidas a ele. Pede com toda a força e descomedimento aquilo que ele chega a conceber e aquilo que lhe agrada.

Será que sabemos mesmo, como o Pequeno Príncipe, o que queremos? De modo tão preciso?

Como quando éramos crianças? Como quando fazíamos nossa lista de presentes de Natal?

Será que somos capazes, como ele, de ter desejos tão específicos e ficarmos insatisfeitos ao não os alcançar?

SER DETERMINADO E DECIDIDO

A simplicidade de seu pedido infantil revela, na realidade, um verdadeiro poder: o da força tranquila que zomba do tempo.

Uma força tranquila, sem agressividade, mas imperturbável em sua vontade, em suas convicções e em sua obstinação em pedir mais.

Uma força que tem todo o tempo do mundo. Uma força que acabamos obrigados a suportar, por termos sido submetidos a ela durante muito tempo.

Os pais que me leem agora sabem do que estou falando, quando se lembram de certas situações em que os filhos apresentaram tamanha teimosia que lhes restou apenas ceder.

Você não precisa ficar nervoso ou ter um acesso de fúria para obter alguma coisa… apenas ficar firme em seus desejos, sem mudar de ideia quanto a eles.

É uma lição cotidiana curiosa esta que o Pequeno Príncipe nos traz aqui, quando às vezes dizemos a nós mesmos que é melhor seguir em frente o mais rápido possível: "Ah! Vai ficar tudo bem assim!".

Como ficar satisfeitos com o resultado, com aquilo que obtemos, quando nossas demandas não estão de fato claras, e, além disso, não nos mantemos firmes a elas, quando dizem respeito a nós mesmos, aos nossos desejos, aos nossos gostos?

Não seria, afinal de contas, mais fácil sermos tão decididos e determinados quanto o Pequeno Príncipe em tudo o que empreendemos para fazer com que nossos projetos sigam adiante o mais breve possível e, assim, progredirmos em nossa vida?

É simples, tão simples, quase infantil... insistir, com firmeza, para finalmente, sem se desviar do objetivo sequer por um segundo, acabar por alcançá-lo.

DIÁRIO DE BORDO
"Seja determinado, sem jamais se afastar de seus desejos, de seu caminho."

E MEU PEQUENO PRÍNCIPE ME DISSE...

"Quando se vem do nada, pode-se ter todo tipo de esperanças."

SABER SE DESLIGAR DA REALIDADE

COMO O PEQUENO PRÍNCIPE

O Pequeno Príncipe não pertence ao mundo do piloto, ele vem de outro planeta. Assim, pode não acatar as regras que regem o nosso mundo. Ele tem a capacidade de se desligar da realidade ao seu redor.

Você se lembra dos mundos imaginários que, quando crianças, todos nós fomos capazes de inventar, com castelos fortificados, carros, bonecas, caixas de papelão, rolos de barbante? Tantos universos que, como para muita gente, quando eu brincava com a minha irmã, se erguiam pedra sobre pedra. Mundos que funcionavam segundo os nossos desejos, as nossas regras. Regras que nunca hesitamos em questionar, por causa da história que estávamos criando e que ganhava vida diante dos nossos olhos. O poder da imaginação que tínhamos naquele tempo, quando nada era proibido, quando tudo era possível, quando éramos os únicos a ditar as regras desses universos ainda tão reais, era ilimitado.

Todos nós experimentamos esse sentimento de poder naquela época. Éramos mestres... muito mais mestres do que hoje, se pararmos para pensar. Éramos como o Pequeno Príncipe, capazes de nos desligar do mundo, de seus constrangimentos, de suas realidades subjetivas.

E se...

SABER SE DESLIGAR DA REALIDADE

E se voltássemos a ser tão imaginativos, tão criativos quanto o Pequeno Príncipe?

Você nunca pensou que os mundos que por vezes inventamos quando crianças se tornariam realidade? Eles existiam com todas as suas forças naquele momento, eram invisíveis, mas em algum lugar estavam presentes... Será que eles não se tornaram parte de uma outra realidade? Todos nós já ouvimos falar de mundos paralelos, de buracos de minhoca, da forma do universo ou do espaço-tempo... E se... no momento em que, do fundo do coração, fazíamos o príncipe se encontrar com a princesa, no momento em que nosso exército conseguia libertar uma fortaleza tomada pelas forças do mal, tudo isso ganhava vida, em outro lugar, de forma real?

É a força do Pequeno Príncipe encarar essa possibilidade como uma realidade.

É toda a força que tínhamos quando crianças, para que pudéssemos nos desligar do mundo que nos rodeava, para inventar um melhor, baseado em nossos desejos mais intensos.

O que aconteceu com essa superpotência criativa que estávamos desenvolvendo com tanta agilidade no passado, para dobrar a curva da estrada do mundo, assim como a de nossas pequenas vidas, tudo na mesma escala?

Enxergo nisso uma simples diferença de semântica, quando esse poder que tínhamos no passado e as consequências que dele derivaram no imaginário de nossa infância se traduzem hoje em "poder de projeção".

Se, quando crianças, somos capazes de nos projetar na vida sonhada que desejamos, então, de tanto nos projetarmos ali, essa visão influenciará e mudará o curso da realidade para colocá-la a serviço dos nossos desejos até criar uma nova realidade, baseada no que imaginamos ser o melhor para nós.

Ser capaz, como o Pequeno Príncipe, de se desligar do mundo é ser capaz de criar um outro, feito para nós.

Nada é fixo no percurso da vida, tudo é apenas vontade, sonhos e inflexões que somos capazes de nele projetar para que em determinado momento as mais belas imagens de nossa imaginação se tornem as representações reais do mundo que nos cerca e da vida que temos.

DIÁRIO DE BORDO
"Saber se desligar do mundo é construir o seu."

E MEU PEQUENO PRÍNCIPE ME DISSE...

"Seja um anjo... apenas para saber voar."

DIFERENCIAR O URGENTE DO IMPORTANTE

COMO O PEQUENO PRÍNCIPE

AGIR E PENSAR COMO O PEQUENO PRÍNCIPE

Se as palavras "procrastinação" e "benevolência" são dois termos e duas temáticas que ficaram muito na moda nos últimos anos, em todas as áreas da vida, tanto profissional quanto pessoal, ninguém duvida que esses pilares do desenvolvimento individual foram pressentidos por Antoine de Saint-Exupéry nestas poucas linhas.

Não deixemos para amanhã e saibamos diferenciar o urgente do importante em nossas tarefas cotidianas. O que pode ser óbvio de dizer, de escrever... mas e na hora de fazer? E na hora colocar isso em prática no dia a dia? Será que ainda somos capazes de realizá-lo?

Quando o Pequeno Príncipe nos adverte para estarmos atentos à proliferação dos baobás em nosso pequeno planeta, ele se refere especificamente a que não negligenciemos o que está na fonte de nossa sobrevivência em si, não de nossos prazeres.

Os prazeres, as futilidades, e tudo o que ocupa nossos minutos de vida tomam tanto espaço, e, além do mais, atribuímos tanta importância a eles, que às vezes fica difícil discernir o que nos agrada, o que é necessário, o que é divertido, o que é vital e o que é útil.

Quando eu era criança, uma das minhas primeiras tarefas quando ia para a carpintaria com

DIFERENCIAR O URGENTE DO IMPORTANTE

meu pai era trocar os sacos de serragem e de cavacos quando eles enchiam na parte de trás da plaina, da serra de fita, da lixadeira e de outras dessas enormes máquinas. Sacos grandes como homens, tubos enormes, mais altos do que eu, que precisavam ser amarrados no alto para que não transbordassem, em volta dos quais eu precisava passar os dois braços para levá-los para fora e guardá-los debaixo do galpão.

Trabalho de subordinado, de servente, extenuante, físico, sobretudo naquela idade. No entanto, uma tarefa essencial para o bom funcionamento do empreendimento. Se os sacos ficassem cheios, as máquinas entrariam em modo de "segurança" e mais nenhum pedaço de madeira seria cortado ou aplainado.

O urgente era produzir móveis, projetos, estantes para livros e cozinhas para os clientes para que o negócio sobrevivesse. Mas o importante era garantir que esses móveis pudessem ser produzidos e, para isso, era preciso, entre outras coisas, que as máquinas funcionassem. Era apenas uma engrenagem da máquina, mas, na minha idade naquela época, a missão era fundamental: as máquinas funcionarem, os sacos sugarem, os carpetes não ficarem com qualquer resquício de madeira, para que os carpinteiros e os marceneiros pudessem produzir, e os montadores pudessem ir às casas dos clientes instalar essas pequenas peças de arte.

Assim, eu tinha meu papel nesse ambiente, quando era criança, ao participar da parte importante da tarefa, não da urgente. Aqui me lembro por alto de Bernard e Robert, que já se foram, e que gostavam de me botar sentado sobre montes de aparas de madeira, de onde eu conseguia, com dificuldade e dando risadas, sair.

Será que ainda hoje sou capaz de diferenciar o urgente do importante naquilo que faço todos os dias? Nada é menos certo. É isso que o Pequeno Príncipe me lembra nessa releitura.

"O que é mais importante realizar naquilo que você está fazendo? Para escrever todos os dias?", o meu Pequeno Príncipe me pergunta.

"Cuidar de mim mesmo", respondo.

E ele me diz: "O que você não faz".

Ao procurar diferenciar o urgente do importante nos meus dias, mesmo hoje, como muitas pessoas, ainda não consigo ouvi-lo de todo, segui-lo por completo.

E quanto a você? O que é mais importante, mais urgente em sua vida? Você consegue distinguir uma coisa da outra?

DIFERENCIAR O URGENTE DO IMPORTANTE

Quais são os baobás de nossa vida a que devemos estar atentos para que não cheguem a nos tomar?

Nunca se esqueça de cuidar daquilo que é mais importante, é isso que *O Pequeno Príncipe* nos lembra. Nunca devemos deixar para amanhã o que é essencial para nós mesmos.

DIÁRIO DE BORDO
*"O importante permite que o urgente viva.
O contrário não existe."*

E MEU PEQUENO PRÍNCIPE ME DISSE...

"O mais importante no jogo de xadrez não são os peões, nem as outras peças, é o enxadrista."

SABER FAZER O BEM
A SI MESMO
COMO O PEQUENO PRÍNCIPE

"Se você tiver êxito em julgar
tudo da maneira correta,
isso quer dizer que você é um
verdadeiro sábio."

AGIR E PENSAR COMO O PEQUENO PRÍNCIPE

Ao ir atrás do pôr do sol, até 43 vezes no mesmo fim de tarde em seu planeta, o Pequeno Príncipe sabe muito bem o que é necessário cultivar para ao mesmo tempo se sentir feliz e se acalmar.

Em seu pequeno planeta, ninguém dita suas vontades e seus prazeres, ele é o único a decidir se avança ou não com a sua cadeira alguns metros para observar o pôr do sol seguinte. Não há moda, nem código, nenhuma mídia ou revista para incitá-lo a realizar aquilo que ele julga ser necessário para fazer o bem a si mesmo.

Com livre-arbítrio, o Pequeno Príncipe é o juiz da sua boa vontade, ele não precisa de ninguém nem de nenhum conselho para criar o próprio sorriso.

Ele sabe se divertir a partir do nada, desfrutar de tudo, mas, principalmente, sabe seguir seus anseios, esse pôr do sol que o acalma e revitaliza, que ele gostaria de acompanhar para sempre, como diz o narrador ao fim do encontro entre o Pequeno Príncipe e o acendedor de lampiões: "O que o Pequeno Príncipe não ousava admitir é que lamentava partir desse planeta abençoado com mil quatrocentos e quarenta e quatro pores do sol a cada vinte e quatro horas!".[2]

---

2. Capítulo XIV.

SABER FAZER O BEM A SI MESMO

Será que cuidamos de nós mesmos com tanta frequência no cotidiano? Quando tudo, as obrigações, a família, o trabalho, não para de nos cobrar de todos os lados, até que somos dilacerados pelas demandas de todos e pelos deleites de cada um?

Enquanto ouvimos os ecos de nossa vida, é claro, passamos mais tempo nos submetendo do que cuidando de nós mesmos. Quando se trata de pensar em fazer bem a nós mesmos, costumamos relegar isso àquela viagem à Grécia, que nunca vai acontecer, nas próximas férias, se é que haverá férias.

No fim das contas, quem é que nos impede de reservar um tempo para pensar em nós, para fazer o bem, além de nós mesmos?

Neste momento, faça como eu: desligue o celular (já tem seis meses que você não faz isso) e observe, ouça...

Ninguém sabe o que você está fazendo, ninguém pode chegar até você, ninguém sabe onde você está, ninguém pode arrancá-lo de seu universo, de seu momento, de si mesmo. Você está sozinho. Você está bem. Tudo o que resta neste instante é embelezar o que o cerca com aquilo que lhe agrada, uma música, uma leitura, um devaneio, uma receita, um pouco de jardinagem, uma atividade que lhe convém… apenas para que, durante esse intervalo, com o telefone desligado, você faça bem a si mesmo.

Eu lhe peço, seja lá quando for, ao ler estas linhas: experimente. Agora mesmo, não daqui a pouco. Experimente e recomece.

Como o Pequeno Príncipe, reaprenda a fazer o bem a si mesmo. Mesmo quando nem todos os sóis estão brilhando, mesmo que alguns tenham se apagado.

Porque saber fazer o bem não é apenas desfrutar, gozar, é também saber, como o Pequeno Príncipe, curar as feridas. E ajudar o tempo, que alivia por si só, a aplicar um bálsamo nas chagas do passado. Quando, como no caso do Pequeno Príncipe, o pôr do sol é capaz de aliviar a tristeza, é nossa responsabilidade cultivar em nossa vida o que também pode mitigar nossos corações machucados.

Agora que você desligou seu telefone e desativou as telas que distorcem seu raciocínio, não consegue ver lá longe, bem lá no fundo de si mesmo, anseios que aparecem furtivamente por meio de pequenas imagens?

Não seria o seu Pequeno Príncipe tentando falar com você? Ainda é difícil ouvir a voz dele, de tão lá no fundo que ele está enterrado, de tanto tempo que você não se comunica com a criança que já foi... E, no entanto, essas imagens não representam alguns anseios, desejos não realizados, alguns prazeres fugazes que, ternamente, ele vem cochichar para você?

Escute... O seu Pequeno Príncipe só quer o melhor para você. Ao cuidar dele, você cuida também de si mesmo.

DIÁRIO DE BORDO
"Não existe felicidade nenhuma que podemos oferecer se não soubermos oferecê-la a nós mesmos."

E MEU PEQUENO PRÍNCIPE ME DISSE...

"Nunca sabemos quando estamos olhando as pessoas, a natureza ou os animais pela última vez."

PROTEGER SEU SONHO
COMO O PEQUENO PRÍNCIPE

Ter um sonho e acreditar nele de todo o coração... Os dias não são sempre um rio extenso e tranquilo; ter um sonho e acreditar nele de todo o coração pode se mostrar difícil.

Ter um sonho significa traçar um caminho de vida que terá como objetivo único a construção da felicidade, sem desviar para caminhos que não nos dizem respeito, sem nos submeter à influência de determinado círculo, por mais benevolente que ele seja, que deseja nos orientar em uma certa direção, rumo a uma vida que não é nossa.

Pode acontecer, ao longo desse percurso, ao seguirmos apenas a nossa estrela, de desafiarmos o nosso sonho, deliberadamente ou não, de o criticarmos, de zombarmos dele, de o inviabilizarmos. Então evite que esses ataques continuem. Você tem que ser capaz de ignorar isso, de deixar que tudo deslize como as penas de um cisne na água.

Nada deve nos fazer duvidar do nosso sonho e nos desviar da via que escolhemos para alcançá-lo.

Se o nosso sonho se apaga, como no caso do Pequeno Príncipe com sua flor única, todas as estrelas param de brilhar.

É o nosso tesouro ao longo de toda a vida, como o baú secreto da nossa infância, no qual

PROTEGER SEU SONHO

reunimos todas as nossas riquezas, tão caras aos nossos olhos. Escondíamos esse baú no sótão ou em nosso quarto para que ninguém o encontrasse e se apossasse dele. Esse baú da nossa infância era tudo para nós, e sabíamos como protegê-lo.

Nosso sonho torna-se o nosso bem mais precioso quando navegamos nas esferas quantificadas e categorizadas do mundo dos adultos, perambulando entre todas as suas obrigações e proibições, porque, como no caso do baú da nossa infância, ele não tem preço.

Todos nós temos um sonho, mesmo que nem sempre acreditemos que ele se tornará realidade. Devemos manter sempre a fé nele. Para não o arruinar, não devemos nunca nos esquecer de protegê-lo, pois é assim que ele florescerá no íntimo do nosso pensamento e poderá se tornar realidade.

Mesmo que você seja a única pessoa a notá--lo, a senti-lo e a entender sua importância, pouco importa, porque ele só diz respeito a você, à sua felicidade, trata-se da sua busca, da sua vida.

Se, durante anos, ele for a sua estrela-guia, ele se tornará, sem dúvida, a pedra angular dessa vida de felicidade que você será capaz de inventar para si mesmo.

Só você é capaz de entender, só você sabe.

Nunca deixe ninguém passar por cima do seu sonho e tenha o cuidado de sempre mantê-lo longe de palavras ruins, perspectivas ruins e pensamentos ruins.

Pode ser que você também deseje realizar alguns dos seus sonhos de infância.

Eu o incentivo a fazê-lo, de todo coração.

No início desta obra, há uma seção chamada "Antes de começar este livro...", na qual pedi que você anotasse todos os seus sonhos dessa época, até os mais malucos, os mais extravagantes. Agora eu sugiro que você volte a essa seção por alguns momentos, que acrescente alguns anseios infantis de que você se lembrou agora. O estado imersivo junto do Pequeno Príncipe às vezes ajuda a nos lembrar daquilo que enterramos bem lá no fundo.

Finalmente, por que não fazer dessa lista um plano de ação de alegrias para o futuro? Por que não, por exemplo, estabelecer como objetivo para si realizar a cada ano um dos sonhos dessa lista? Só para agradar a si mesmo, só para dar uma sacudida no seu Pequeno Príncipe todos os anos.

Sonhar, correr atrás do seu sonho e agora lhe dar vida, ancorá-lo na realidade.

PROTEGER SEU SONHO

Da mesma forma, você nunca deve acabar com os sonhos de outras pessoas, zombar deles. Porque nunca sabemos o que os motiva e a necessidade de realização daquele que nos conta seus sonhos.

É preciso nutrir e proteger os sonhos que temos, para nós mesmos e para os outros, e cultivá-los ao longo do tempo.

Proteja o seu sonho como se ele fosse um filho, pois ele é por si só a prova viva de que, lá no fundo, o Pequeno Príncipe que você já foi ainda existe e pede para vir à tona em plena luz do dia.

DIÁRIO DE BORDO
"Quando as crianças têm um sonho, elas fazem um voto, e esse voto se realiza."

E MEU PEQUENO PRÍNCIPE ME DISSE...

"Quando o homem vai longe, muitas vezes ele encara seu futuro mais do que aceita um destino."

SABER AMAR
COMO O PEQUENO PRÍNCIPE

"Mas os olhos estão cegos.
É preciso ver com o coração."

Por mais estranho que pareça, como cada um pode se dar conta em suas histórias de amor, o que a princípio poderia parecer tão natural e simples como o sentimento amoroso não é uma obviedade que a vida nos oferece e que apenas temos de agarrar quando aparece, sem entender seu funcionamento. Como nos lembra o Pequeno Príncipe, temos de aprender a amar.

Quando criança, eu me lembro de ter assistido a uma cerimônia de casamento comovente. A igreja estava lotada, eu senti a emoção das pessoas presentes, e isso me fez ficar com os olhos cheios de lágrimas. Curiosamente, essa sensação não desapareceu quarenta anos mais tarde e, no outono passado, quando um casal de amigos se casou, tive dificuldade em engolir as minhas lágrimas. Lágrimas de felicidade, lágrimas de desejo, não sei. Na ocasião do primeiro casamento, em minha infância, depois de dizerem os votos, os noivos se beijaram.

Naquele momento, em minha mente infantil, eu congelei e disse a mim mesmo: "Como é que eu vou fazer, quando for grande, para beijar a minha noiva em público? Na frente de todo mundo? Eu nunca vou conseguir…".

Esse pensamento me perseguiu por muito tempo.

Simples medo infantil, que nunca consegui dividir com ninguém. Levou muitos anos para que por fim eu conseguisse dar um simples beijo na frente dos outros, sem ficar constrangido, sem me dar conta, na hora do beijo, do tempo e até do lugar onde eu estava. Amar também é isto: descobrir, nas primeiras emoções, essa sensação de estar só no mundo com a outra pessoa.

A maioria de nós já viveu diferentes histórias de amor e diferentes formas de amor. Desde a paixão tórrida que pode se tornar destrutiva até a tranquilidade do aconchego de sentimentos serenos, de amores a distância, fantasiados, até a fusão dos corações, na qual se perde um pouco da própria personalidade... Existem tantas histórias de amor diferentes!

Todas elas têm algo em comum: o aprendizado sobre nós mesmos e sobre o outro, neste alvoroço de sentimentos que conseguimos conter ou canalizar. O aprendizado sobre a pessoa que somos nessa situação, diante daquela que entrou em nossa vida sem avisar, em um momento no qual estávamos prontos ou não. Será que era o momento certo? Por que tudo simplesmente fluiu, sem confrontos? Ou, pelo contrário, por que tudo foi tão complicado, angustiante?

A história pode ter corrido bem ou mal, mas de qualquer forma aprendemos sobre nós mesmos no momento em que ela surgiu em nossa vida. Acreditávamos que sabíamos quem éramos, achávamos que sabíamos como reagiríamos... E, no entanto, nada aconteceu como imaginávamos... quando éramos crianças.

Em cada história, também tivemos que enfrentar o aprendizado do outro, desse estranho ou dessa estranha, com quem fantasiávamos bem no fundo do coração.

Esse outro que não se parece de fato, se é que se parece em alguma coisa, com a imagem que tínhamos desenhado em nossa mente. Acreditávamos que sabíamos como era a pessoa certa, mas, quer a história tenha corrido bem ou não, costumamos descobrir isso, na melhor das hipóteses, como muitas vezes se ouve: "Pelo menos agora sei o que eu não quero".

Um aprendizado... amar é um longo aprendizado, não uma obviedade, um presente caído do céu que temos somente que desembrulhar.

"Mas eu era jovem demais para saber amá-la", o Pequeno Príncipe nos diz, porque a grande força da criança diante do amor é saber se questionar sobre os próprios erros, saber também pedir desculpas, quando, com frequência, na idade adulta, colocamos a culpa no outro pelo naufrágio da história que vivemos.

Há tanto aprendizado no amor: saber dar, saber ouvir, saber surpreender, saber permanecer sincero, saber ser paciente... porque uma história que começa não avança da mesma forma como a descobrimos quando nos deparamos com ela. Ela não vai permanecer assim, congelada, como naquele determinado momento. Ela vai evoluir de acordo com as experiências de vida que tivermos, da nossa própria evolução, e essas mudanças farão com que, ao longo do tempo, o casal se aproxime ou se distancie cada vez mais.

Amar como no primeiro dia já é saber amar. Aprender a amar de verdade exige apenas um tanto mais de tempo, de escuta, de humildade, de saber perdoar e de paciência... A mesma paciência que sabem demonstrar as crianças por ocasião do primeiro beijo roubado.

Você se lembra do seu primeiro beijo?

DIÁRIO DE BORDO
"Amar é a mais bonita das viagens."

E MEU PEQUENO PRÍNCIPE ME DISSE...

"Para ela, eu era apenas um jardim secreto; para mim, ela era toda a minha vida."

SABER VIRAR A PÁGINA
COMO O PEQUENO PRÍNCIPE

AGIR E PENSAR COMO O PEQUENO PRÍNCIPE

É necessário alçar voo e deixar o passado para trás, apesar de tudo. Isso não é tão simples quando os anos arraigam hábitos que se tornam marcos de vida. É assim que o cotidiano e seu equilíbrio se constituem.

Quando nos vemos coagidos pela necessidade ou pelo desejo de mudar tudo, não é tão fácil virar uma página inteira da vida, a qual se estendeu e se desenvolveu no decorrer dos anos.

Em um passado remoto, a vida de muitos de nossos mais velhos não passava por tais reviravoltas, quando tudo era definido, da infância ao casamento, da paternidade ou maternidade até a morte. Para o bem ou para o mal, apesar da frequente vontade de ir embora, de mudar de vida, tudo estava definido, era impossível livrar-se dela... Virar a página era possível apenas em raras exceções em um mundo isolado, pouco importava qual fosse o nível social, a cultura e o país em questão.

Assim seguia a história dos seres humanos, de geração em geração, repetindo as mesmas tradições, os mesmos erros, professando as mesmas crenças, as mesmas verdades, os mesmos mecanismos na vida conjugal ou na sociedade.

Por muito tempo, era desta maneira que o mundo funcionava: girando em *looping*. Apenas alguns curiosos, exploradores, inventores e pesquisadores tentavam ampliar os limites do conhecimento, daquilo que existia, com frequência à custa da própria reputação, do pertencimento a um grupo ou da própria vida. Não faz muito tempo que, se nascêssemos filho de camponês, era impossível, quase inconcebível, virar a página e levar uma vida diferente.

Hoje, aquele sistema fechado, aquela camisa de força em que todos estavam presos, seja qual fosse seu status, aquela vida quase sem porta de saída, ficou para trás. A liberdade se tornou um direito adquirido. A liberdade de ser, a liberdade de continuar, de mudar, de ir embora, a liberdade de virar a página... Que liberdade...

Que peso, na realidade, que dificuldade também nos foi legada com essa conquista! Apesar da segmentação de escolhas e oportunidades, era muito mais fácil se deixar levar pela vida ontem do que escolher hoje. Apenas desejamos o que conhecemos. E, para não saber, não é preciso desejar nada além daquilo que nos é apresentado como o meio em que vivemos e as regras de funcionamento. Uma soma de verdades e de marcos que não o tornam mais infeliz, já que não há nada além à vista.

Hoje tudo é conhecido, tudo é visível, tudo é exequível – ou ao menos assim dá a impressão –, tudo parece possível. Podemos a partir deste momento mudar, querer seguir para um universo que parece combinar conosco, que nos chama.

O mundo se tornou um bufê guarnecido com lugares para visitar, com empregos para descobrir, com oportunidades, com encontros, com prazeres e com amores possíveis. Só nos resta...

Só nos resta o mais complicado, na verdade: escolher. Escolher e dar o primeiro passo, virar a página de nossos hábitos e de nossa vida passada.

Porque ir embora, como no caso do Pequeno Príncipe, é saber o que deixamos para trás. É dizer a si mesmo sobre tudo, alguns dias antes de mudar de emprego ou de vida: "Esta é a última vez que...".

Virar a página não é fácil, mas, hoje em dia, ao contrário do passado, é possível fazer isso.

Muitas vezes, são apenas nossos receios que nos impedem de recomeçar, quando quase todas as proibições foram abolidas.

Mas nossos medos são brutais. E, se existe uma pessoa que pode nos ajudar a dar os passos necessários para virar a página, é exatamente a criança que já fomos. Esse Pequeno Príncipe, sabiamente sentado em seu planeta, sonhador, como éramos no passado, nutrindo paixões por todas as possibilidades, outros lugares e viagens. Esse Pequeno Príncipe que passamos da inatividade à inércia, para não ouvir o que ainda o faz vibrar, o que o impulsiona.

Será que é preciso esperar até o último dia de sua vida para ter arrependimentos? Será que devemos deixar o nosso amigo, a criança que fomos no passado, morrer de tédio?

Apenas por não darmos o primeiro passo para escrever uma nova página de nossa vida? Então vá em frente, mergulhe de cabeça!

DIÁRIO DE BORDO
"Virar a página ainda é escrever a história de sua vida, como você deseja."

E MEU PEQUENO PRÍNCIPE ME DISSE...

"É sempre no último dia que sabemos
o que guardamos, o que ganhamos,
o que deixamos para trás."

SER INSUBORDINADO E INCORRUPTÍVEL

COMO O PEQUENO PRÍNCIPE

"E de que serve ser o dono das estrelas?"

O Pequeno Príncipe não se dobra a nenhum poder, apesar das propostas do rei de ordenar um pôr do sol para ele ou de torná-lo ministro da Justiça. Insubordinado, incorruptível, ele não concebe essa pseudoautoridade – o que permitiria que esse monarca tivesse o controle sobre ele, sobre o que ele deve fazer e pensar –, principalmente vindo de um rei que na verdade não reina nada.

Permanecer insubmisso na idade adulta, viver sem comprometer o que pensamos, o que fazemos, o que dizemos... Grande plano! Difícil de seguir às vezes, concordemos.

E, no entanto, ainda que certos arranjos sejam necessários para uma boa convivência, será que devemos mesmo assim abdicar de todos eles diante de qualquer forma de poder que se apresente? Submeter-nos a ele, contra a nossa vontade, contra o nosso melhor julgamento? Sejam de natureza policial, hierárquica, governamental, religiosa, patriarcal, política, esses poderes representam apenas a lei do mais forte. Uma lei do mais forte que não é uma lei que devemos aceitar em todas as circunstâncias. Baixar a cabeça para tudo só nos leva a ficarmos corcundas muito antes da velhice.

Quando eu era bem pequeno, e a minha avó me repreendia pela enésima besteira que eu tinha feito,

SER INSUBORDINADO E INCORRUPTÍVEL

ela me disse apontando um dedo acusador para a medalhinha que eu levava pendurada no pescoço: "Tome cuidado, o menino Jesus está de olho em você!".

O poder absoluto desse personagem estava incrustado em minha medalhinha de batismo, ele podia decidir me punir quando lhe parecesse conveniente... A menos que...

Assim, segurei minha medalhinha com a ponta dos dedos no fim da corrente comprida, olhei para ela, depois olhei para minha avó, que me parecia tão idosa, e, vigorosamente, lancei a medalhinha às minhas costas, enquanto respondia: "Pois bem, desse jeito ele não me vê mais!".

Assim, voltei a fazer as minhas coisinhas sorrindo, enquanto ela desatava a gargalhar.

É tão fácil, tão óbvio, se libertar dos poderes quando somos crianças, como nessa lembrança, e mais tarde a religião vem às vezes nos convencer a nos autoflagelar, quer nos fazer passar pelo rolo da culpa e depois pelo cortador da submissão. Uma submissão a que temos obrigação a todo instante e a todo momento da nossa vida, diante da autoridade suprema que, quando éramos crianças, existia apenas em uma simples medalhinha.

Todos podem crer, não é esse o ponto, é apenas uma ilustração de um poder que pode se tornar tirânico, e ao qual podemos optar por não estar mais sujeitos, a apenas conviver ou não com ele, de igual para igual.

É tão conveniente apostar nos medos, medos que crescem à medida que vamos envelhecendo. Todas as formas de poder se aproveitam da alavanca de nossos medos tanto de viver quanto de morrer, e isso vai muito além da religião, quando observamos a facilidade com que às vezes podemos abrir mão de áreas inteiras de nossa liberdade, por pressão do poder político, e assim nos submeter, sem maiores explicações.

Ser insubmisso, como o Pequeno Príncipe, não é ser rebelde, fanático, raivoso ou vingativo, é simplesmente acreditar em si mesmo acima de tudo, e seguir seu caminho. Não ter medo, não dar a cara a tapa e saber, como ele, ser livre para permanecer ou para ir embora.

DIÁRIO DE BORDO
"Seja sempre submisso apenas aos seus sonhos."

E MEU PEQUENO PRÍNCIPE ME DISSE...

*"Acredito em tudo aquilo que escapa
ao homem e desconfio de tudo aquilo
que vem dele."*

SABER PERMANECER HUMILDE

COMO O PEQUENO PRÍNCIPE

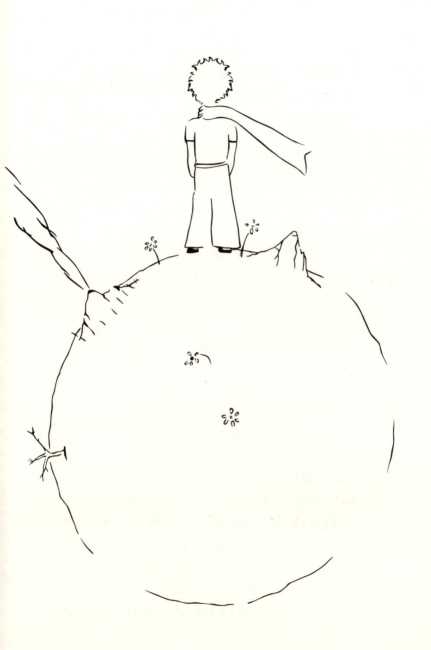

Na idade adulta, algumas pessoas podem ganhar um pouco demais... Com um pouco de frequência demais, um pouco rápido demais, um pouco de dinheiro demais, um pouco de glória demais, na esteira da revelação de um talento, de um sucesso... mas também, muitas vezes, graças ao "empurrãozinho", para não falar do "trampolim", de um ambiente conveniente e favorável, que lhes terá lançado a uma enorme vantagem.

E lá, das alturas vertiginosas desse ponto de vista magistral, a vaidade acaba vencendo, acabamos por nos considerar excepcionais, esquecendo as verdadeiras alavancas dessa conquista.

A vaidade vence quando nos esquecemos dos motivos que nos levaram a chegar ao topo, não por causa do nosso talento, do nosso conhecimento, mas por causa da nossa soberba!

Trabalhar duro para o próprio sucesso raramente leva à vaidade, mas com muita frequência à humildade, quando os caminhos tomados foram tão estreitos e as encostas tão árduas de escalar.

Quando fazemos o que podemos, tudo que podemos, ficamos exaustos, é verdade, mas nunca nos tornamos vaidosos.

Alguém me disse alguns anos atrás: "Quando as coisas começarem a dar certo para você, você

SABER PERMANECER HUMILDE

vai fazer como todo mundo, o sucesso vai subir à sua cabeça!".

Não sei se essa pessoa estava falando sobre si mesma ou sobre mim na época. Então eu lhe respondi ironicamente: "Em caso de sucesso, para manter o equilíbrio, temos também que manter os pés no chão".

E assim chegaram os primeiros dias, quando tudo o que eu havia semeado por tantos anos começou a germinar, depois a crescer devagar, sem vaidade. Porque o preço a pagar só obrigava, em relação a essa primeira parca colheita, a observar e estudar com humildade aqueles que, independentemente de sua área, tinham realizado o seu sonho à altura do trabalho realizado.

Curiosamente, nenhum dos atletas, escritores, inventores, músicos, engenheiros, designers, atores etc. que eu pude observar nesse nível de conquista conhecia a vaidade. Apenas conheciam o que tudo aquilo custara, e o desejo, mais uma vez, de fazer, de se superar, de construir e de se realizar.

Tive cada vez menos notícias dessa pessoa, que se dizia "contente por si mesma". Pouco importava o quanto eu tentasse ligar, eu era cada vez menos atendido.

Essa pessoa acabou por me tirar aos poucos de seu círculo pessoal. Entendi mais tarde que o problema vinha de suas projeções pessoais. A "melancia" que essa pessoa queria colocar no meu pescoço não passava de um reflexo de sua própria personalidade.

Sem dúvida, também podemos nos tornar presunçosos por projeção, por ciúme.

Por mais incrível que pareça, a vaidade pode se instalar em algumas crianças desde a idade escolar, e isso pelas mesmas razões de um adulto que foi "alçado", que teve coisas demais, sem ter tido que dar muito em troca.

No parquinho, Thomas era um deles. Vindo de uma família abastada, ele não parava de exibir para todos nós os últimos presentes que tinha ganhado, este aqui por uma nota alta, aquele ali em seu aniversário, e, com frequência, sem razão nenhuma. Ele sempre tinha as roupas mais bonitas, a mochila mais bonita, o *gadget* mais recente, e muito de vez em quando por merecimento.

Assim, de tanto se vangloriar, nos abater com suas riquezas, nos exibir as maravilhosas férias que tinha passado do outro lado do mundo, enquanto ria do trailer ou do acampamento dos outros, Thomas acabou como qualquer esnobe, uma vez que a magia do espetáculo passa: sozinho ou praticamente sozinho no pátio da escola.

Como no planeta que o Pequeno Príncipe visitou, a pessoa vaidosa está bem sozinha admirando-se no espelho.

A vaidade chega a beirar a solidão. Só a humildade comanda a admiração e o respeito de todos pelo trabalho realizado e pelos projetos alcançados.

Veja como as estrelas passageiras que desfilam nos estúdios de tevê, que têm apenas sua imagem para vender, na verdade não passam de estrelas cadentes... que nunca mais voltaremos a ver.

Ninguém se deixa enganar por pessoas presunçosas, ocas e pelo vazio que as preenchem. Não mais do que a criança presente em nós, o Pequeno Príncipe não se deixa impressionar nem levar pelo jogo dos convencidos.

Quanto à humildade, devemos cultivá-la a cada dia naquilo que fazemos, assim como naquilo que somos. Só podemos esperar que a partir dela desabroche uma bela alma, com a qual todos vão querer trocar ideias, da qual todos vão querer se aproximar.

DIÁRIO DE BORDO
"Permaneça humilde, e você se tornará grande."

E MEU PEQUENO PRÍNCIPE ME DISSE...

"É quando nos tomamos por alguém
que nos tornamos um ninguém."

SER CURIOSO, EXPLORADOR, SABER SE MARAVILHAR COM TUDO

COMO O PEQUENO PRÍNCIPE

Só descobrimos o mundo e suas riquezas por nós mesmos, tanto as coisas efêmeras como as essenciais.

Quando volto a pensar em minha infância, encontro um ponto em comum com a de muitas outras pessoas, com a sua, com a de qualquer criança: o desejo de saber, de descobrir, de tocar, de experimentar, resumindo: a curiosidade. Assim como o Pequeno Príncipe, que procura saber, por meio de suas perguntas sem fim:

— Um carneiro, se come arbusto, come também as flores?

— Um carneiro come tudo que encontra.

— Mesmo as flores que têm espinhos?

— Sim. Mesmo as que têm.

— Então… para que servem os espinhos?[3]

Será que ainda hoje somos tão curiosos em relação ao mundo que nos rodeia?

O cotidiano, o trabalho, as obrigações, o círculo de amizades, o círculo familiar, o ambiente profissional, tudo isso veio a ocupar um lugar tão grande em nossa vida…

---

3. Capítulo VII.

SER CURIOSO, EXPLORADOR, SABER SE MARAVILHAR COM TUDO

Será que ainda temos tempo de ser curiosos, despreocupados, todos os dias?

Mas, principalmente, será que ainda temos tempo de descobrir, de nos interessar e talvez de nos maravilhar com um conhecimento, com uma palavra, com um cheiro, com uma cor, com um novo assunto?

Os hábitos que nos fazem perder tempo estão tão presentes, preenchendo todas as horas, mesmo que tenhamos otimizado nossa agenda, nosso tempo... nosso tempo de vida. Só o fizemos para conseguir encaixar um novo hábito, uma nova obrigação, uma nova tarefa repetitiva, sem deixar espaço para um momento de devaneio, de curiosidade.

As nuvens continuam passando acima da nossa cabeça e não as vemos mais.

Todas as noites, as abelhas voltam para descansar com o pôr do sol em sua colmeia. E nós achamos normal que a Terra dê seguimento à sua dança infinita por entre as estrelas, quase nunca se abalando, apesar do que a humanidade a faz passar.

Tudo é normal, digerido, nada mais nos parece excepcional. No entanto, a cada novo dia em que as pétalas das flores se abrem e o orvalho cai sobre as folhas com uma delicadeza infinita, na realidade é algo espetacular, mágico, se por um momento aproveitamos para tomar o nosso café olhando pela janela aberta, observando essa maravilha do mundo que renasce todos os dias, em vez de nos entorpecermos diante de uma tela de tevê hipnótica. A tevê, aquela caixinha sequenciada que costuma nos oferecer apenas a face mais hedionda do mundo ou, ao menos, aquilo que os humanos fizeram com ela.

Ainda assim, é tão fácil afastar as cortinas e abrir toda a janela. Mesmo que nem todos os cenários sejam perfeitos, e que não possamos comparar a vista de um horizonte todo azul, de uma cadeia de montanhas que se estende a perder de vista, a um bloco de concreto urbano, apesar de tudo, esse é o presente que o mundo nos dá todos os dias, porque o sol nasceu para cada um de nós.

O Pequeno Príncipe sabe assistir a cada pôr do sol, e, em seu pequeno planeta, mudando sua cadeira de lugar, em um único dia, chegou a assistir a 43 deles...

É preciso saber reconhecer a beleza do mundo sem ter que anotá-la, congelá-la, explicá-la, apenas saber detectá-la para, mais uma vez, assim que possível, poder se deleitar e mergulhar nela...

Será que somos capazes dessa pequena coisa? Será que ainda somos capazes de sorrir para esse

SER CURIOSO, EXPLORADOR, SABER SE MARAVILHAR COM TUDO

Pequeno Príncipe adormecido no fundo de nossos pensamentos?

Será que somos capazes de tomar sua mão novamente, não para acompanhá-lo, mas para que ele se torne o nosso guia para o amanhã...?

O sol... "Cor de sol", é assim que eu chamava o amarelo quando era criança. Isso fazia a professora sorrir, e ela falou dessa estranheza aos meus pais.

Cor de sol, eu não desistia de jeito nenhum de afirmar isso.

Era impossível me convencer do contrário.

Ainda hoje, escuto o eco dessas palavras e, para mim, o amarelo continua a não existir.

"Procure o seu sol, procure sua cor de sol", meu Pequeno Príncipe não parava de me repetir...

É à beira-mar que escrevo estas poucas linhas para você, cerca de quarenta anos mais tarde.

E, como no passado, aqui o amarelo não existe, há tão somente o sol, a cor de sol, e os caminhos do passado acabaram por me trazer para cá.

DIÁRIO DE BORDO
"E o mundo se ilumina quando sabemos observá-lo."

E MEU PEQUENO PRÍNCIPE ME DISSE...

"Eu prefiro aquelas coisas que não têm razão nenhuma de ser."

SER RICO COM O QUE TEM
COMO O PEQUENO PRÍNCIPE

AGIR E PENSAR COMO O PEQUENO PRÍNCIPE

Ser rico com o que tem ou ser rico com o que possui?

Parece simples decidir a questão da perspectiva de um adulto esclarecido, argumentando de um ponto de vista filosófico relacionado, que: "O que temos acaba por nos possuir", ou que: "A riqueza interior é a única que conta…", para terminar por concluir que: "Quem se contenta com pouco é rico em tudo…".

São belos conceitos, que ouvimos, aprendemos e passamos para a frente. Mas será que nós os vivemos, os aplicamos em nossas existências, a cada dia? Além do mais, será que eles são exequíveis no que diz respeito à natureza humana?

Não pretendo abrir aqui esse debate, que há muito tempo alvoroça pensadores, filósofos e religiosos.

Aqui, só conta a abordagem do Pequeno Príncipe dessa noção. Só conta a maneira como, quando éramos crianças, julgávamos essa noção de riqueza.

Você se lembra dos seus tesouros? Do saco de bolinhas de gude que você tentou aumentar a cada recreio? Você se lembra das trocas no pátio, daquelas figurinhas que iam e vinham?

As crianças adoram enriquecer e acumular, mas existe uma grande diferença de grandeza com os adultos que às vezes nos tornamos em seguida: elas só reúnem e colecionam as riquezas que lhes parecem úteis aos seus olhos, não aos de outras pessoas.

Às vezes, as crianças podem, como os adultos, sentir inveja do que veem com os colegas e que não têm. Mas no fim, na maior parte do tempo, após certa reflexão, o anseio por aquilo logo passa. Exceto quando se trata de caprichos frequentes – mas esse é um caso muito específico –, as crianças gostam daquilo que têm, elas o valorizam e ficam bastante satisfeitas na maioria das vezes, porque essas riquezas são escolhidas, cultivadas e acumuladas por desejo, não por "dever" de possuí-las.

"É útil para meus vulcões, e é útil para minha flor, que eu os possua", repete o Pequeno Príncipe. É assim que ele se sente, é assim que ele experimenta a vida. É por isso que essas riquezas o fazem feliz, porque lhe são úteis, assim como ele é útil para elas, aos seus olhos.

Você não era feliz no passado com aquilo que você tinha? Mesmo se fosse pouco? Com muita frequência sim, porque essa riqueza bastava aos seus olhos para deixá-lo feliz.

Nesse sentido, éramos ricos, porque o que constituía o nosso tesouro era útil para a nossa felicidade.

Quando crianças, éramos ricos com aquilo que tínhamos, porque éramos ricos com aquilo que amávamos.

Por que teria sido indispensável para nós acumular sem parar coisas que não nos seriam úteis na construção da nossa felicidade, do nosso prazer? Por mais estranho que pareça, no entanto, esse é o caminho que às vezes tomamos na sequência, quando, mais tarde, passamos a juntar, a "corresponder a" para não "destoar de", para "seguir a nova tendência do"... Resumindo, fazíamos tudo o que a moda e a sociedade ditavam que possuíssemos para nos adequar e nos moldar aos critérios da época. Riquezas tão efêmeras quanto insubstanciais, quando nenhuma delas respondia aos nossos desejos mais sinceros, àqueles pequenos tesouros que aninhávamos debaixo de nossos travesseiros quando éramos crianças.

E se... Mais uma vez, gosto de vislumbrar as possibilidades que nos oferece o Pequeno Príncipe que está adormecido dentro de nós.

E se... E se esvaziássemos os nossos armários e fizéssemos uma grande pilha de todos os nossos pequenos pertences em uma grande mesa, o que guardaríamos? Honestamente? Quantos desses objetos contribuiriam de fato à nossa felicidade? Quantos seriam úteis para desfrutarmos da vida?

A coisa toda fica mais fácil na hora de mudar de residência, o que eu vivi há alguns meses, quando, no fim das contas, para esse novo começo, enchi muito mais sacos de lixo do que caixas de mudança.

Como uma criança, sem sombra de dúvida, ao avaliar nossas riquezas, guardamos apenas aquilo de que gostamos naquele momento.

Será que devemos, assim como o Pequeno Príncipe, ponderar as razões pelas quais gostamos de alguma coisa? As razões pelas quais as mantemos junto de nós?

Se as nossas riquezas não servem à nossa felicidade, como podemos, por vezes, servir à delas, então, de acordo com esse olhar infantil, elas são inúteis.

DIÁRIO DE BORDO

"Ser rico com aquilo que temos é ser rico com aquilo que amamos para finalmente ser rico com aquilo que somos."

E MEU PEQUENO PRÍNCIPE ME DISSE...

"O ponto de interrogação é uma dúvida, e seu desenho, a metade de um coração."

TRABALHAR COM O QUE GOSTA...

SENTIR-SE ÚTIL COM AQUILO QUE FAZ...

COMO O PEQUENO PRÍNCIPE

"Tu te tornas eternamente responsável por aquilo que cativas. Tu és responsável pela tua rosa..."

AGIR E PENSAR COMO O PEQUENO PRÍNCIPE

Se cada história de vida é uma saga que se escreve capítulo após capítulo, nós não estamos sozinhos durante os primeiros anos, quando escrevemos os primeiros volumes. Desde bebês até crianças pequenas em seus primeiros passos, nossos pais, nossos professores e todos os que nos cercam são aqueles que estão com a caneta na mão para escrever nossas primeiras orientações, nossos primeiros gostos, nossas primeiras descobertas.

Os primeiros volumes de vida, que vão se sobrepondo, são preenchidos com experiências e saberes que não escolhemos, mas para os quais fomos conduzidos, para descobrir e testar.

Assim sendo, quanto mais os conhecimentos forem diversificados, ricos, maior será o leque de possibilidades para o futuro.

Acreditar que podemos escolher sem saber, sem termos sido apresentados a diferentes assuntos, é uma ilusão. Quando não sabemos, não se trata de uma escolha, apenas de uma busca não ativa por um programa na única área, ou praticamente isso, na qual evoluímos ao longo dos anos.

A criança que fomos é apenas, em grande parte, a soma das experiências com as quais ela foi confrontada.

Depois disso, se não houver outra abertura possível para a mente, os estudos que se seguirão vão corresponder, na maioria dos casos, ao universo no qual a criança foi mergulhada. Por consequência, o adulto exercerá a profissão para a qual foi condicionado desde esses primeiros capítulos, os primeiros volumes de sua vida.

É assim que professores, médicos, advogados, marinheiros e mestres de obras costumam se formar no seio de suas famílias e de sua influência.

Apesar disso, ao longo do caminho da infância e, em seguida, da adolescência, todos nós pegamos a caneta em algum momento, levando cada vez menos em consideração as influências externas, para escrevermos nós mesmos os novos capítulos de nossa vida.

Pode ser que tenham aparecido então pontos de tensão, discrepâncias entre a rota pela qual chegamos até ali e aquela pela qual nos sentimos atraídos. Mas mesmo assim continuamos nosso caminho no ambiente de costume, por desconhecimento e medo do domínio que nos agradava. A falta de confiança, a falta de apoio e a vida nos levaram inúmeras vezes a um mundo para que realizássemos um trabalho para o qual, apesar das aparências, não fomos feitos.

Você já passou por essa situação? Ou talvez a esteja vivendo neste exato momento, com certo conhecimento, exercendo uma profissão em um caminho bem demarcado e, ainda assim, nem sempre se sente no lugar certo, como se estivesse deslocado?

O que fazer? Sim, o que fazer quando você de vez em quando se lembra dos sonhos que teve, dos desejos que talvez tenha anotado em seu diário há alguns anos. Sonhos secretos, sobre arte, grandes banquetes, ser veterinário, viagens, arquitetura, explorações... E, hoje, o urgente é apenas entregar no prazo o seu imposto de renda.

Será que estou no lugar certo, será que gosto do que faço? Essas são perguntas que, assim que a pulga fica atrás da orelha, não param de voltar à mente, de rodar, de dançar diante dos olhos. São perguntas para as quais, como sabemos, vamos ter de encontrar uma resposta. Pode ser que demore muito tempo, talvez anos, quando tudo tenha que ser questionado mais uma vez e que até aqui tudo tenha sido construído em torno e em função desse caminho.

Será que devemos esperar a crise dos quarenta ou dos cinquenta anos, que são tão características dessa passagem à ação, dessa grande reviravolta que damos para redesenhar a nossa vida? Ou quem sabe reler, o mais rápido possível, as primeiras páginas da nossa juventude, as quais escrevemos quando estávamos na pele do Pequeno Príncipe?

Essas páginas em que tínhamos projetos de fazer um trabalho que nos fascinava, no qual nos sentíamos úteis... Úteis para nós mesmos, para os outros... Esse Pequeno Príncipe que encarnávamos tinha em grande estima a pessoa que ele sonhava em ser, porque esta se sobrepunha em sua imaginação àquela que ele se tornaria.

E se nos reconectássemos aos nossos sonhos do passado, aos da criança que fomos? "Eram bobagens...", algumas pessoas podem pensar. Talvez... Apenas algo para reconfortá-lo em relação ao presente, ao dia de hoje, não em relação ao futuro.

Nossos desejos de juventude não nasceram do nada, nós cruzamos com eles, nos apegamos a eles, nós os cultivamos, não como devaneios, mas como uma intuição do lugar para onde seguiríamos, que queríamos ocupar neste mundo, que se apresentou diante de nós como um pequeno paraíso.

Nunca é tarde demais para mudar, para questionar, quando o nosso Pequeno Príncipe continua a repetir para nós, nos longos suspiros que damos sobre nossa vida, que nos enganamos e que nossa felicidade está em outra parte, no extremo oposto daquilo que vivemos, mas em perfeita harmonia com os capítulos de nossa infância.

Se você sente esse desconforto em sua vida, lembre-se... E pergunte ao seu Pequeno Príncipe quais eram, naquela época, os seus verdadeiros desejos.

Só ele sabe, desde que consigamos ouvi-lo.

DIÁRIO DE BORDO
"Que a liberdade seja sua recompensa naquilo que você faz. A liberdade é fazer aquilo que se ama."

E MEU PEQUENO PRÍNCIPE ME DISSE...

"Quando alguém diz a você que alguma coisa é impossível, lembre-se de que essa pessoa está falando dos limites dela, e não dos seus."

DEIXAR UMA MARCA
COMO O PEQUENO PRÍNCIPE

"Escrevam-me depressa dizendo que ele voltou...", as palavras de Antoine de Saint-Exupéry ainda ecoam a distância no fim do livro, quando, no fundo, ele nunca se foi.

O Pequeno Príncipe que carregamos bem em nosso âmago está sempre presente, durante toda a nossa vida.

Podemos esquecê-lo, ele pode estar adormecido, mas ele nunca nos deixa.

Aceitar essa porção infantil que todos conservamos, guardada bem lá no fundo, é a grande dificuldade quando nos "vemos" crescer e depois envelhecer. Mas, durante todos esses anos, nós não fazemos nada além de "vermos nós mesmos".

É uma arte muito delicada aceitar que essa criança que fomos nunca deixou, durante toda a nossa vida, de nos acompanhar. É preciso apenas um pouco de humildade para com o adulto que nós construímos.

Há um orgulho de ser grande, orgulho de ter nos tornado sábios, como nos sentimos cheios de si por sermos adultos, e por relegar essa criança às vagas memórias de um ser tão "decortexado" quanto desmembrado, sendo que foi ele, no entanto, com seus bracinhos, que carregou tudo o que nos tornou a pessoa que somos.

DEIXAR UMA MARCA

Ego, ego, escuto o seu eco. Um pouco de humildade, eu lhe dizia, pela grandeza de espírito que a criança soube projetar para criar o adulto que nos tornamos. Devemos tudo a ela, o que somos, o que pensamos, aquilo com o qual ainda sonhamos, tudo.

Sem ele, quem seríamos? Quem você seria?

Durante toda a vida, o Pequeno Príncipe que fomos deixou uma marca profunda em quem somos hoje, embora às vezes seja difícil admitir para nós mesmos, quando pensamos ter construído e controlado todos os projetos, afinidades e funcionalidades da nossa vida de forma racional.

Deixar uma marca, essa marca da criança aberta, sonhadora e otimista que fomos, é o presente definitivo que o Pequeno Príncipe ainda consegue nos oferecer, tão logo nos encontramos perdidos na selva de nossa vida, sem saída e sem ver o sol. Só o Pequeno Príncipe que temos dentro de nós pode colocar de novo tudo de pé quando a vida nos passa uma rasteira.

É nessa fonte viva, nessa marca que ele deixou nos recantos da nossa alma, que a todo momento podemos renascer e ter esperança.

Ao observarmos de perto a fragilidade de nossa vida adulta, no tempo em que, diante da menor mudança, todo o edifício periga sucumbir, só podemos agradecer a esse Pequeno Príncipe que nunca nos deixou de lado, mesmo que nem sempre soubéssemos que nome lhe dar.

Sim, foi ele, foi você, há muito tempo, que foi capaz de lhe dar forças para se reerguer.

E, neste momento, o que resta ao longo do caminho, conforme a idade avança? O desejo crescente de, por sua vez, deixar uma marca, através de seus projetos, suas conquistas, seus filhos.

Será que é quando sentimos que aceitamos ser o Pequeno Príncipe de novo, quando o deixamos voltar a invadir o nosso espírito, que a vontade de deixar uma marca se torna crucial…? Não sei dizer.

Mas deixar uma marca, de si mesmo, daquilo que trouxemos ao mundo, se torna então uma coisa óbvia. Não para a posteridade necessariamente, mas apenas para não ser esquecido, tão somente para ter essa sensação de ter existido.

Para ser honesto – momento narcisista –, por que eu escrevo? Para deixar uma marca, é claro, mas não para a posteridade, e sim para o momento presente.

Escrever para o amanhã é como já estar morto.

Entretanto, deixar uma marca, em meus atos, em minhas palavras, em meus relacionamentos, em meus livros... para os outros. Muitos dos autores que li ao longo do tempo se tornaram amigos, colegas de quarto, de noites de insônia... Muitos deles me ajudaram.

Como eles, o que eu desejava, havia muitos anos, em relação aos meus primeiros escritos, se resumia no seguinte: "Se eu conseguir ajudar pelo menos uma pessoa... eu vou ter vencido".

Leio as mensagens benevolentes de agradecimento que recebo e percebo que meu Pequeno Príncipe me deu, graças a vocês, um presente muito além da promessa que me fez no quinto ano, quando eu escrevia meu primeiro conto ilustrado, *A chave dos sonhos*.

No fim das contas, não somos nós que deixamos uma marca, mas sim, na melhor das hipóteses, o Pequeno Príncipe que nós fomos, se é que fomos capazes de ouvi-lo.

DIÁRIO DE BORDO
"Nós nos tornamos e permitimos aquilo que sempre fomos."

E MEU PEQUENO PRÍNCIPE ME DISSE...

"Ego, ego... Nós somos todos ego.
Todos iguais."

COLOCAR-SE AO ALCANCE DOS OUTROS

COMO O PEQUENO PRÍNCIPE

"Eis o meu segredo. É muito simples: só se vê bem com o coração. O essencial é invisível aos olhos."

essa passagem, o Pequeno Príncipe surge como a alma infantil do narrador.

Ele busca convencer seus contemporâneos adultos, por meio dessa imagem, da magia que ainda pode ser cultivada na vida adulta, tão cartesiana, prosaica, frequentemente desprovida de fantasia.

Infelizmente, a resposta é sempre a mesma para o narrador, e o teste vai por água abaixo.

Ele gostaria de conversar de Pequeno Príncipe para Pequeno Príncipe... Mas isso se mostra impossível, com seus semelhantes tendo acabado por abafar seu Pequeno Príncipe pessoal bem lá no fundo de seu espírito com o avançar da idade. O narrador não condena, mas constata esse simples fato, esse triste estado, algumas vezes, de não passar de um adulto. E de só poder se envolver em conversas adultas.

Será que você nunca sentiu ou ouviu, de tempos em tempos, os ataques dos destruidores de sonhos, que riem entredentes dos seus propósitos assim que você se deixa levar pelas coisas que sonha para sua vida? Desejos que o seu Pequeno Príncipe pessoal carrega, que se desenvolvem na sua imaginação para florescer em seus devaneios?

Querendo compartilhá-los, mesmo com pessoas próximas e amigos, quem não se viu vencido algumas vezes por esses cortadores de asas destituídos de

COLOCAR-SE AO ALCANCE DOS OUTROS

imaginação e de anseios? Um momento nocivo, doloroso, que nos toca profundamente, um momento difícil de passar, porque nos exprimimos de coração aberto, com sinceridade, sem filtro e sem defesa.

Fica complicado, então, repetir a experiência, porque, além de não sermos compreendidos, esses comentários mordazes não nos deixam opção a não ser nos justificar, de parecer uma pessoa que não bate bem ou... retornar para as fileiras do pensamento "adulto", muito bem organizado, deixando de lado o ímpeto do nosso Pequeno Príncipe, o eco da voz da nossa alma infantil.

No entanto, há um outro caminho, e muitas coisas para aprender com essa experiência lamentável...

Nunca cale sua alma infantil e sempre continue ouvindo as suas fantasias.

É preciso cultivar o Pequeno Príncipe que carregamos dentro de nós para sermos capazes constantemente de nos renovar, nos maravilhar e preservar esse frescor em nossa vida.

Compartilhe apenas os desejos do Pequeno Príncipe com pessoas capazes de saber prezá-lo ao longo do tempo – para não ficar mais decepcionado com a prontidão de uma atitude cínica que se pode enfrentar.

É preciso não julgar com severidade demais esses desmancha-prazeres, essas pessoas sérias demais, tão cheias de saber e de soberba, porque, no fim das contas, elas perderam ao longo do caminho da vida aquilo que tinham de mais precioso. Ao darem as costas ao Pequeno Príncipe, elas abriram mão da alegria de viver.

Seja capaz de se colocar ao alcance dessas pessoas para, talvez, incitá-las, por meio de sorrisos e sonhos, a se reconectar com aquela vozinha dentro de si, com aquela criança enterrada tão profundamente dentro delas, cujos suspiros elas já não escutam.

Nunca se torne um desses destruidores de sonhos, pois não são só os desejos e os sonhos dos outros que condenamos, mas liquidamos a magia que nos oferece nosso Pequeno Príncipe.

Podemos nos adaptar, mas nunca devemos trair a criança que carregamos dentro de nós.

DIÁRIO DE BORDO
"Colocar-se ao alcance dos outros é permanecer à altura de si mesmo."

E MEU PEQUENO PRÍNCIPE ME DISSE...

"O homem é um bom menino,
o menino é um bom homem."

CRIAR LAÇOS
COMO O PEQUENO PRÍNCIPE

"— É algo quase sempre esquecido — disse a raposa. — Significa 'criar laços'."

AGIR E PENSAR COMO O PEQUENO PRÍNCIPE

Se existe mesmo um fio contínuo que liga a infância à idade adulta é o sentimento de solidão. Esse sentimento pode ser real ou, mais tarde, até contido, apesar de ser muito bem sentido.

Ao longo do livro, o Pequeno Príncipe vai atrás de amigos, mas sobretudo de pessoas com quem pudesse se entender e que se parecessem com ele.

Não é o caso do bêbado nem o do empresário... Mas ele continua sua busca, atrás de um amigo com quem possa compartilhar a vida.

A raposa vai convidá-lo a cativar o outro, a se aproximar passo a passo, a criar o laço de cada momento compartilhado.

É espantoso ver com que rapidez as crianças, espontaneamente, mesmo quando não se conhecem, se colocam em contato para dar início a um relacionamento e aprendem a se conhecer por meio de pequenos toques.

Todo mundo já viu ou passou por essa situação, de crianças que nunca se viram e que são colocadas no mesmo cômodo para se divertir, por ocasião de um almoço com os amigos, depois que elas já comeram. No início, elas ficam tímidas umas com as outras... Mas isso acontece por apenas uns quinze minutos! E na hora de ir embora, no fim do dia, é impossível separá-las.

CRIAR LAÇOS

É a magia da infância que não tem código nem barreira, e que ousa dar o primeiro passo para se cativar mutuamente em alguns instantes.

Quando adultos, é preciso admitir, há todas as armaduras, proteções, protocolos e imagens sociais que assumimos tanto para nos proteger como para nos reconfortar sobre a pessoa que criamos... É muito mais complicado colocar três adultos desconhecidos em uma sala, fazê-los entrar em contato por alguns instantes para compartilhar com sinceridade, para se abrir sem medo e rir com os outros dois sem falsas aparências. Cordialidade e conversa superficial, isso é o melhor que se pode esperar.

É uma pena, é realmente uma pena termos perdido toda aquela espontaneidade, aquela facilidade de se aproximar dos outros para criar laços sinceros... como tínhamos tanta facilidade de fazê-lo quando éramos crianças.

O que foi que aconteceu?

Como, ano após ano, ficamos todos trancados em nosso mundinho, em nossa vidinha, para só acabar entreabrindo a porta de nosso universo ao desconhecido uma vez que todos os quesitos tenham sido preenchidos, que todas as garantias tenham sido oferecidas?

Estamos bastante solitários hoje, quase todos, bastante solitários em nossa vida.

E, no entanto, o Pequeno Príncipe não para de bater na porta de nosso espírito sempre que a oportunidade se apresenta para nos dizer: "Vá lá ver o que é! Vá lá ver o que é, camarada! O que é que você está esperando?".

Medo? Vergonha? Falta de defesas? Impotência?

Como vamos nos virar com isso nesse momento?

Ao crescermos, perdemos aquilo que era a própria razão de ser humano: a capacidade de fazer trocas, de se conectar, em alguns instantes, como fazíamos com tanta facilidade no pátio da escola quando crianças.

E se… da próxima vez que recebermos um convite, da próxima vez que formos a um bar, fizermos essa experiência infantil? Ou seja, ficar o tempo todo aberto a qualquer encontro, a qualquer conversa, e ir você mesmo em busca do outro, ousar uma primeira abordagem. Sim, isso exige ir além de si mesmo, vencer certas proibições que cultivamos… muitas vezes por medo. Medo de ser rejeitado, medo de ficar exposto… Mas como criar laços sem correr o mínimo risco, sem ter confiança no outro e em si mesmo para iniciar um primeiro diálogo, para levar a um novo encontro?

É só uma brincadeira de criança, não devemos nunca nos esquecer. Assim como as crianças que estão naquele cômodo para se conhecer e brincar, podemos sair risonhos, satisfeitos, contentes, a ponto de não querermos ir embora, e esperar rever a pessoa, criando então, como a raposa e o Pequeno Príncipe, laços que se tornarão indestrutíveis.

DIÁRIO DE BORDO
"Os laços que criamos são a razão de ser de nossa vida."

E MEU PEQUENO PRÍNCIPE ME DISSE...

*"Cada homem é o elo que falta entre
o céu e a terra, entre cada pessoa."*

VIVER SEM PRESSA
COMO O PEQUENO PRÍNCIPE

ciosidade, imprudência, brincadeiras...
Durante a infância, não vemos o tempo passar enquanto nos divertimos e temos todo o tempo do mundo para fazer aquilo de que gostamos.

Lembra-se de quando era a hora do jantar e você estava bem no meio da história que tinha inventado com os seus brinquedos no quarto e os chamados não paravam de vir da cozinha para que você fosse comer? Em alguns minutos, você poderia ter terminado sua brincadeira e o herói poderia ter entrado no castelo.

Mas os chamados não paravam, era preciso obedecer e adentrar o tempo previsto dos adultos para aquela refeição que não podia ser postergada por nem mais um minuto sequer.

Viver sem pressa é uma prerrogativa natural das crianças. Na idade adulta, após passar por todo tipo de condicionamento, o tempo se torna uma mercadoria que deve ser útil, rentável e produtiva.

Todos os adultos passam, então, a suportar o tempo que criaram, até se tornarem escravos e acabarem como prisioneiros dele.

Que estranha essa pílula que inventaram que mata a sede para que as pessoas "ganhem" tempo... Não mais estranha do que uma série de invenções, de *gadgets*, de aplicativos que temos em nossos smartphones, que têm como único objetivo, como aquela pílula, "ganhar" tempo, economizar minutos... que podemos assim preencher com outras atividades... incontáveis minutos e segundos que podemos fracionar para torná-los ainda mais produtivos.

Comprimimos o tempo, as semanas e os calendários e compactamos os dias, em uma corrida atrás da hiperatividade que... Mas para o que ela serve, afinal? O que esse apetite desmedido está escondendo? Para acabar não reservando um instante sequer para nós, para os nossos amigos, para o nosso prazer?

Viver sem pressa é uma noção que se torna estranha para nós na idade adulta, até mesmo nas férias – o que é uma pena –, quando ainda "devemos" preencher os dias de descanso e ociosidade com uma excursão depois daquela espreguiçada tão logo o dia nasce (não se esqueça de colocar o despertador), com o almoço corrido ao meio-dia na fila, em pé, torrando no sol como camarões, para vislumbrar uma pintura minúscula no teto da Capela Sistina, diante da qual não podemos sequer parar por um instante sem que a multidão nos empurre logo atrás... Depois disso, vamos acumular tempo de novo, vamos espremer um passeio aqui, uma caminhada ali, antes da oficina de cerâmica e da aula de salsa...

Aproveite, é preciso aproveitar, sem sombra de dúvida...

Mas não podemos aproveitar quando apenas zanzamos sem prazer ao fazer diversas atividades para preencher nossa vida, que já está prestes a explodir.

Você se lembra do período de quarentena por causa do vírus?... Da angústia e da indolência dos primeiros dias, quando era impossível levar a cabo metade do que costumávamos fazer antes?...

Todos nós na época, depois dos primeiros dias de reclusão, procuramos ocupar o tempo cozinhando um pouco aqui, fazendo uma grande arrumação ali, limpando, brincando com as crianças, mas depois de alguns dias, quando todos os controles remotos tinham sido limpos com cotonete, e tivemos uma overdose de séries de tevê, e tentamos todos os tipos de "ocupações" possíveis, o que aconteceu? Alguns começaram a ficar deprimidos, enquanto outros passaram a se dedicar à leitura ou fazer cursos e aulas on-line, mas, de um jeito ou de outro, contrariados e forçados, todos tivemos que aceitar. Para vivermos da melhor forma possível esse período de quarentena, e não apenas suportá-lo, com nossa agenda explodindo, foi preciso aceitar, e de novo, dia após dia, retomar o tempo de fazer cada coisa com calma.

Por mais estranho que pareça, apesar de todas as catástrofes que esse vírus e essa quarentena trouxeram, fomos obrigados a viver com mais calma, e talvez, para algumas pessoas, redescobrir o cônjuge, os filhos, a si mesmo, as paixões deixadas de lado, por falta de... tempo.

Voltamos de alguma forma a ser crianças, com uma noção de tempo para nossas refeições e atividades que dependia tão somente do nosso prazer, sem qualquer outro imperativo.

Voltamos a poder fazer o que queríamos quando queríamos, voltamos simplesmente a viver com calma... Talvez isso seja algo que não devamos esquecer no futuro?

Não seria melhor, assim como o faz o Pequeno Príncipe, caminhar para aproveitar a água doce do poço em vez de privar-se do prazer de tomar um gole dela?

E se guardássemos na memória o período da quarentena para voltarmos a mergulhar nele de tempos em tempos, refletindo sobre a tirania do "tempo produtivo" e de como devemos agir em relação à vida que levamos em um mundo tão acelerado?

DIÁRIO DE BORDO
"O tempo é apenas o que eu faço dele."

E MEU PEQUENO PRÍNCIPE ME DISSE...

"Existe uma armadilha a evitar em nossa existência: viver rápido para morrer rápido."

LIVRAR-SE DO JULGAMENTO DOS OUTROS

COMO O PEQUENO PRÍNCIPE

" E por que não sou bonito?"

Pergunta filosófica fundamental que eu me fazia, agarrado à cerca do pátio da casa dos meus pais, exatamente aos quatro anos, quando, na ruela abaixo, um grupo de garotas que passava por lá com regularidade, indo não sei aonde, me disse, dando risada: "Mas você não é bonito!".

Crueldade dos maiores rumo à idade adulta, falta de compreensão da infância... Furioso, eu balançava a cerca, gritando como um bezerro, para quem quisesse ouvir: "E por que não sou bonito?".

Julgamento arbitrário, julgamento dos mais velhos, estupidez fulgurante que se desenvolvia na mesma velocidade em que suas pernas cresciam. Eu não entendia por que me atacavam daquela maneira, por que me julgavam, eu que era um pingo de gente, quando estava apenas vendo o mundo passar do outro lado da cerca, aquele mundo para o qual eu queria descer, e cujo exemplo eu queria seguir, enquanto mordia o plástico dos suportes da cerca.

Submissão ao julgamento dos outros, esse espelho que cria um reflexo distorcido, que nos persegue desde a infância mais tenra até as rugas arraigadas da idade avançada. É impossível escapar dele... O que quer que digamos, o que quer

LIVRAR-SE DO JULGAMENTO DOS OUTROS

que façamos, os olhares duros como os cutelos da presunção recaem sobre nós, a cada passo que damos para além das fronteiras traçadas. Mesmo nesse simples exemplo de infância, momento em que ainda não causamos nenhum impacto, não dissemos nada, não fizemos nada e acabamos de aprender a caminhar com pequenos passos.

O julgamento dos outros... Ele existe, ele governa, ele é... desde que lhe atribuamos toda a importância, mesmo a existência.

Será que devemos julgar os outros, condená-los, inclusive à morte, como foi proposto ao Pequeno Príncipe? Para que isso lhe teria servido? Se não fosse por algumas migalhas de reconhecimento, para conquistar um lugar junto daquele rei, que era rei apenas no reflexo de sua soberba.

O que faz então o Pequeno Príncipe quando o rei chega a pedir que ele mesmo se julgue?

Nessas duas propostas, o Pequeno Príncipe toma a mesma postura: ele ignora o poder do rei. O poder que queria obrigá-lo a continuar naquele planeta vazio, o poder que queria corrompê-lo, o poder que lhe oferecia uma posição de julgar o outro, o poder que chegou a querer obrigá-lo a se questionar, a julgar a si mesmo, lá naquele planeta minúsculo... Esse poder...

O poder que o Pequeno Príncipe deixou por aquilo que ele era, onde ele estava, sozinho, sem alcance sobre ele nem sobre seja lá o que for. Foi assim que o Pequeno Príncipe se livrou do julgamento dos outros e do rei, com quem ele não se importava, ignorando até a própria existência daquele poder.

Muitas vezes somos bastante duros com nós mesmos, nos desafios a que nos lançamos, nos erros que cometemos. Sim, cada um de nós já é duro o bastante consigo mesmo, sem ter que se submeter ao julgamento dos outros, sem ter ainda que se perguntar: "Sou bonito?".

Livrar-se do olhar alheio é varrer para longe esse pseudopoder que anseia reger nossas existências, quando todos nós somos bastante perspicazes para julgar nossos atos com plena consciência.

DIÁRIO DE BORDO
"Conceder o poder ao outro é colocar-se ao seu dispor."

E MEU PEQUENO PRÍNCIPE ME DISSE...

"É livre para ser aquele que não julga jamais."

NÃO MAIS PROCURAR, MAS DESCOBRIR

COMO O PEQUENO PRÍNCIPE

AGIR E PENSAR COMO O PEQUENO PRÍNCIPE

Uma coisa sempre me surpreendeu nas crianças quando elas brincam juntas e inventam histórias com seus brinquedos e suas bonecas: se falta um complemento na história, como um cavaleiro que deve chegar montado, mas elas não têm um cavalo ao alcance, sabe o que elas fazem? Não? Mas é claro que sabe, você também já fez isso: elas mudam a história!

É uma coisa meio óbvia para elas: a gente não tem um cavalo? Então vamos fazer diferente!

Não é uma opção acabar com uma história tão bonita por causa de um cavalo qualquer! É de barquinho que o cavaleiro vai chegar pelo rio que eles acabaram de inventar, serpenteando entre duas almofadas que fazem as vezes de montanhas.

Trata-se de bem mais do que uma brincadeira de criança. Na verdade, isso é de uma força imensa, porque elas se adaptam aos meios, não ficam procurando um cavalo durante horas, afirmando que a história seria impossível sem ele, simplesmente encontram uma solução para que a história continue e chegue ao seu fim.

Se transpusermos essa lógica para o nosso mundo adulto, o que vai acontecer quando falta uma peça do quebra-cabeça para um projeto, seja ele profissional ou pessoal? Às vezes, temos

162

NÃO MAIS PROCURAR, MAS DESCOBRIR

a impressão de que tudo para, que esse pequeno componente é a pedra angular necessária para o sucesso do projeto. Concentramo-nos em encontrar a peça que falta, mesmo que ela não exista, mesmo que no fim das contas ela não seja obrigatoriamente necessária, esquecendo-nos ao mesmo tempo do projeto em si e de sua finalidade.

A pedra no sapato se torna o objetivo. Isso sempre me faz lembrar daqueles robôs que correm e batem de frente com uma parede, que se chocam contra ela, que dão dois metros de marcha a ré e seguem de novo, e assim sucessivamente, sem parar, sem ver que dez centímetros mais para o lado da parede existe uma abertura.

O Pequeno Príncipe tem mesmo razão: quando não sabemos o que procuramos, quando perdemos o fio da história para as crianças, a finalidade do projeto para os adultos, andamos em círculos.

Nossos olhos adultos, tão razoáveis e tão cheios de razão, não conseguem nos tirar do impasse nem do círculo infernal de nossos pensamentos, que giram em *looping*, sem saber mais onde procurar, o que procurar e muito menos o que encontrar.

As crianças têm uma facilidade tão grande em contornar as dificuldades de suas histórias para levá-las até o fim... Como elas fazem isso?

É bastante simples: elas estão abertas a todas as opções, a todas as possibilidades. Em suma: elas são criativas.

Quando nem tudo acontece como querem, elas não procuram um complemento com os olhos, mas uma solução com o coração, porque é o coração que lhes serve de impulso para narrar o seu conto. Essa não é uma abordagem criativa racional, é uma abordagem criativa natural, pois, para elas, o essencial continua sendo responder às necessidades da história, pouco importa como.

Lembre-se de algumas falas em seu quarto...

"É, mas a gente tinha falado que ele é que ia matar o vilão com o machado dele."

"É, mas a verdade é que ele foi o aprendiz de um grande mago, então ele pode lançar bolas de fogo! Tá vendo? Assim!"

"Ah, é! Que demais! Assim ele ainda vai poder..."

Muitas vezes nos desarma tanto constatar os poderes infinitos das crianças, daquela que fomos e que perdemos quando crescemos. Acreditando compensar a imaginação e a criatividade com o conhecimento, percebemos com frequência que falta

NÃO MAIS PROCURAR, MAS DESCOBRIR

ao longo da nossa existência uma peça para cada projeto. Não seria o momento ideal de se reconectar à magia criativa da criança que fomos um dia?

Encontrar uma solução para um problema, descobrir para o que somos feitos, descobrir a pessoa que somos... Não mais procurar, mas descobrir.

Não mais procurar com a razão, mas descobrir com o coração, seguindo não uma lógica, mas aquilo que sentimos, aquilo que percebemos.

Essa é certamente uma das lições mais belas que o Pequeno Príncipe que carregamos lá no fundo sussurra em nossos ouvidos, quando, como ele mesmo diz: "Apenas as crianças sabem o que procuram".[4]

Cabe a nós escutá-lo, cabe a nós entendê-lo.

DIÁRIO DE BORDO
"Procurar não é uma busca quando encontrar é a única finalidade."

---

4. Capítulo XXII.

E MEU PEQUENO PRÍNCIPE ME DISSE...

*"Raramente encontrei o que buscava
no lugar em que procurava."*

SER LIVRE

COMO O PEQUENO PRÍNCIPE

"E eu amo escutar as estrelas à noite. É como se fossem quinhentos milhões de guizos..."

Viver mergulhado na liberdade é típico da infância. Esse não é um sentimento sobre o qual refletimos, mas que vivemos. As crianças não têm consciência da liberdade, experimentam-na sem nem ainda saber qual é a palavra que se usa para descrevê-la.

Mesmo cientes, quando somos pequenos, de que os ambientes familiar e escolar são condicionados e regidos por regras, não os encaramos como obstáculos à nossa liberdade de viver, mas como regras a serem seguidas (mais ou menos!).

Na infância, vivemos livremente, sem pensar a respeito, assim como o Pequeno Príncipe. Livres para fazer o que quisermos, livres para brincar, para dormir, para sonhar, para ir embora para os nossos mundos imaginários, livres para dizer não, livres para não dar ouvidos a ninguém, para ignorar quando não estamos a fim. Livres para idealizar tudo, para fazer de tudo e em qualquer lugar, com qualquer pessoa e quando desejarmos.

Quantos de nós podem se gabar de terem sido capazes de preservar esse horizonte de liberdade na própria vida? Vejo vocês, adultos, balançando a cabeça. Sim, poucos, poucos de nós não se encontram presos a uma série de obrigações ou impossibilidades, voluntária ou involuntariamente estabelecidas ao longo do tempo.

SER LIVRE

Como diz a raposa ao Pequeno Príncipe: "Tu te tornas eternamente responsável por aquilo que cativas. Tu és responsável pela tua rosa...".[5] Tornar-se responsável, à medida que a idade avança, é um dos elementos necessários para nossa vida, mas que acarreta um certo retrocesso no campo das liberdades. Nós nos tornamos, então, um pouco dependentes, e portanto um pouco menos livres, mas isso não é um aspecto negativo para nossa existência. Essas responsabilidades estabelecidas para com nossos filhos, cônjuge, família e amigos são dependências benéficas para nossa vida, um pouco como as regras familiares e escolares que a criança deve seguir.

Essas regras não impedem de modo algum as crianças de serem livres. Como elas, essas obrigações voluntariamente escolhidas, que constituem nossa vida, não devem nunca nos confinar a um sentimento de aprisionamento, e, se isso acontecer, é hora de questionar essas obrigações e dependências.

O valor da liberdade para o Pequeno Príncipe também se revela em sua recusa em amarrar seu carneiro a uma mordaça em seu planeta. Ele não

---

5. Capítulo XXI.

chega nem mesmo a entender a utilidade disso. Ele recusa qualquer tipo de aprisionamento, qualquer privação de liberdade.

Além do mais, a quem o Pequeno Príncipe pediu permissão para dar início a sua jornada, sua busca, de planeta em planeta? A ninguém. Fosse essa jornada real ou imaginária, foi em completa liberdade que ele partiu rumo à descoberta das estrelas e dos habitantes de outros planetas.

A quem devemos de fato dar satisfação sobre nossas atitudes, sistematicamente, quando somos adultos? A poucas pessoas. Mas algumas delas às vezes ocupam tal lugar em nossa vida que se tornam intrusivas, ao ponto de até mesmo começarem a ditar nossos mínimos atos e gestos. É aí que toda liberdade de ser ou de agir é condenada. É esse o momento de alerta antes de ir embora.

Ser livre, como sente amargamente o Pequeno Príncipe, em determinados momentos, ao longo de sua viagem, também é muitas vezes estar sozinho. É por isso que ele está em busca de amigos, não para se prender a eles, mas para escolher as condições da sua liberdade, uma liberdade que depois passará a ser também partilhada.

Todos nós temos um jardim secreto, como as crianças, um mundo imaginário, sem fronteiras, onde nos sentimos livres. Só depende de nós mesmos fazer os muros desse jardim secreto recuarem para acolher ali as pessoas com quem decidimos compartilhar, aquelas que decidimos cativar e aquelas por quem decidimos nos deixar prender, aquelas que deixaremos entrar para cultivar com elas a nossa liberdade de viver.

DIÁRIO DE BORDO
"Ser livre é escolher. Escolher sua dependência, escolher cativar, escolher sua forma de liberdade."

E MEU PEQUENO PRÍNCIPE ME DISSE...

"Ninguém é livre, mas ninguém gostaria realmente de passar a sê-lo."

ACEITAR SER INCOMPREENDIDO

COMO O PEQUENO PRÍNCIPE

"É triste esquecer um amigo.
Nem todo mundo teve um amigo."

"Não se pode agradar a todos...", diz o ditado. Mas muitas vezes não se trata exatamente de agradar, mas de ser compreendido.

Nessa passagem, é o narrador, o piloto, que fala, que toma consciência do sonho que em algum ponto dentro dele levou embora a criança que ali existia, para em seguida conquistar uma vida que o satisfazia, mas que, ao cruzar com muitas outras pessoas para quem teve de adaptar seus discursos, seus projetos e seus desejos, deixou-lhe o gosto amargo da criança que ele já tinha sido, e que nunca foi compreendida por meio de seus desenhos e de sua imaginação.

Na idade adulta, quando uma parte de nós permanece agarrada à doçura dos devaneios e da imaginação da infância, nos vemos muitas vezes cercados por aqueles que nos impedem de sonhar, quando temos uma ideia ou um projeto que escapa à sensibilidade ou compreensão das pessoas para quem os explicamos. Tudo muda e nada muda nessa área. São tempos difíceis para os sonhadores.

Porém, há uma coisa que devemos manter dessa criança: aceitar, como ela, a incompreensão dos outros, dissimular e guardar para si sua porção de criança e de desejo quando não estamos diante do público certo.

ACEITAR SER INCOMPREENDIDO

Aceitar ser incompreendido não é se agarrar às críticas, ceder à zombaria, se curvar sob o peso das injunções que ditam aquilo que é aceitável bem como o bom andamento das coisas.

Aceitar ser incompreendido é concordar em ouvir apenas a si mesmo, sua boa vontade, seu desejo. É aceitar se fazer sonhar, se fazer sorrir.

Não adianta estender o porrete para ser golpeado por ele, tentando convencer um público intratável de sua boa-fé.

Um ditado que me vem à mente e que se adapta a isso é: "Podemos ser incompreendidos mil vezes por uma pessoa, uma vez por mil pessoas, mas não vale de nada ser incompreendido mil vezes por mil pessoas".

Aceitar ser incompreendido nos permite desarmar os destruidores de sonhos. Mesmo com a maior boa vontade do mundo, devemos sempre ter consciência de que não poderemos nunca convencer, ser compreendidos e seguidos por todos.

Afinal, aceitar ser incompreendido é se permitir ir até o fim com os seus sonhos, os seus projetos, os seus desejos, sem ter que se esconder, que omitir o seu discurso ou abaixar a cabeça diante dos censores, cujo único ponto em comum uns com os outros muitas vezes é não ter sonho algum.

Nunca ouvi um empreendedor, um artista ou um inventor zombar, por meio de seu conhecimento, seja qual for, do projeto de outro criador, ou sabotá-lo, mesmo que não se tratasse de sua área. Os sonhadores escutam e ajudam outros sonhadores, porque conhecem a dificuldade de assumir aquilo que parece impossível e de trabalhar nisso, e sabem o preço que se paga por aceitar ser incompreendido.

Seja um desses sonhadores, seja um desses incompreendidos, pois esse vai ser o seu sol enquanto você estiver dando duro.

DIÁRIO DE BORDO
"Nunca renunciar à criança que você foi, ela ainda está viva junto de você."

E MEU PEQUENO PRÍNCIPE ME DISSE...

"Eu procuro a perspectiva ideal, lá onde outros não veem nada além de um punho erguido."

ENXERGAR PARA ALÉM DO REAL, O INVISÍVEL

COMO O PEQUENO PRÍNCIPE

AGIR E PENSAR COMO O PEQUENO PRÍNCIPE

A magia. A magia era a nossa única verdade, a nossa única religião na infância. Tudo era mágico, e a fé que tínhamos nesse poder nos permitia acreditar em tudo, enxergar para além do mundo real, muito longe daquele dos adultos.

Nada era impossível em nosso universo quando a fé que tínhamos na magia que nos rodeava nos permitia enxergar para além deste mundo, perceber o invisível e aumentá-lo por meio de nossos desejos.

Éramos crianças, éramos mágicos e, com o nariz pregado nas estrelas, ainda sabíamos enxergar os tesouros de um planeta ao apontar o dedo para ele, na esperança de um dia descobri-los. Sabíamos que, para além do horizonte, o oceano escondia nossa ilha, uma ilha na qual restava tão somente encontrar um tesouro escondido.

É essa porção invisível das coisas que as torna atraentes. Já a superfície e o visível dizem respeito apenas ao mundo dos adultos.

Adultos que contam, que calculam, que medem. Uma superfície palpável, mensurável, identificável, bastante reconfortante, bastante confortável.

Mas esse aspecto externo das coisas, das pessoas, do mundo que nos rodeia, será que ele nos deixa mesmo felizes? Quando não há mais nada

ENXERGAR PARA ALÉM DO REAL, O INVISÍVEL

para esperar ou para descobrir daquilo que está bem na nossa cara?

Todos nós já notamos isso a certa altura; por mais que o cenário seja idílico, se não trouxer consigo mais nada, invisível a olho nu, não passa de um cartão-postal do qual nos cansamos rápido. Um cartão-postal que classificamos, que esquecemos, esperando freneticamente o próximo, sem ter a certeza de que ele ficará em nossa memória.

Isso também vale para as pessoas cuja imagem que as reveste não se parece em nada com o vazio sideral de seu intelecto e de sua alma, quando seu corpo perfeito não passa de uma caixa de transporte.

Em tudo existe uma busca, em tudo há um tesouro, uma descoberta, e é aí que mora o verdadeiro valor, a porção mágica de cada coisa. Recusar-se a imaginá-lo, a vislumbrá-lo, decidir se limitar a um olhar frio e cartesiano traz apenas tristeza e prostração para nossa vida e para o mundo que nos rodeia.

Procurar enxergar para além do real, da aparência das pessoas e da nossa realidade, é dar a si mesmo a possibilidade de descobrir e de se maravilhar ainda mais com tudo. É repetir a si mesmo sem parar, com aquela louca esperança: "E se... E se... E se...".

AGIR E PENSAR COMO O PEQUENO PRÍNCIPE

E, a partir dessas questões, dessas possibilidades crescentes, deixar que desabroche em nosso rosto o sorriso da criança, que toca com o dedo o outro lado do espelho, o outro lado do possível.

Nossa vida é mesmo tão emocionante assim para não nos permitirmos contemplar aquela porção de mistério, de irreal e de projeção que a criança que ainda dorme dentro de nós pode nos oferecer? Eu desejo isso a você, mas imagine as maravilhas que o esperam se, de novo, ao reencontrar um olhar infantil, você aceitar deixar de braços abertos a imaginação e a magia entrarem em sua vida...

Não é bom envelhecer, não, não é bom envelhecer quando, durante o percurso, acontece com tanta frequência de não conseguirmos mais enxergar, para além do real, a magia que opera no mundo. Como diz o piloto a propósito do Pequeno Príncipe: "Meu amigo nunca dava explicações. Julgava-me talvez semelhante a ele. Mas, infelizmente, não sei ver carneiro através da caixa. Talvez eu seja um pouco como as pessoas grandes. Devo ter envelhecido".[6]

Ver o carneiro mais uma vez através da caixa é toda a proposta e a promessa do Pequeno Príncipe,

---

6. Capítulo IV.

de levar de volta aquele toque de magia pura para nossa vida.

Perto da porta da frente está uma caixa de sapato... Quando fui olhar... Acho que ouvi alguns balidos.

DIÁRIO DE BORDO
"A magia é o sabor de nossa vida,
a verdadeira cor do mundo."

E MEU PEQUENO PRÍNCIPE ME DISSE...

*"Fazer parte do real e do imaginário
só é útil se temos certeza de que
vivemos na realidade."*

SABER JULGAR DE ACORDO COM OUTROS CRITÉRIOS

COMO O PEQUENO PRÍNCIPE

AGIR E PENSAR COMO O PEQUENO PRÍNCIPE

Era tão fácil criar laços espontâneos quando éramos crianças, como mencionei em um dos capítulos anteriores.

Bastavam alguns segundos de timidez antes de dar início a uma troca fluida e alegre, sem levar em conta nenhum critério aparente.

Quando nos tornamos adultos, perdemos por um lado essa facilidade e, além disso, acrescentamos toda uma grade de critérios de julgamento que não para de aumentar ao longo dos anos.

O Pequeno Príncipe tem bastante razão em apontar o dedo para essa percepção quantificada do mundo adulto, que costuma apenas conceber as coisas, tanto a beleza como as pessoas, de um ponto de vista quantificável, mensurável, racional, monetizável.

Esta pessoa é *rentável*?

Esta pintura é uma obra-prima que nos magnetiza com as suas cores? Ou a maneira como percebemos a sua beleza é determinada apenas por sua cotação junto a negociantes de arte? Essa é uma grande pergunta a se fazer, quando observamos o desfile de aberrações visuais que a arte moderna nos propõe como sendo belezas magistrais.

Seria curioso observar o valor que o público estabeleceria a muitas obras sem conhecer seu autor ou sua cotação. Um pouco de verdade proibida.

SABER JULGAR DE ACORDO COM OUTROS CRITÉRIOS

É assim que às vezes nós, adultos, julgamos e avaliamos muitas coisas e pessoas. Isso nos reconforta, em nossos relacionamentos, em nossa carreira, em nossos círculos de vida.

À primeira vista, a depender da atitude, do tipo de vestimentas, dos sinais externos de pobreza ou riqueza de uma pessoa, das chaves de seu carro, da cor do seu cartão bancário, já temos uma imagem, uma opinião sobre ela. Sabemos, "graças" a essas grades de critérios, as quais desenvolvemos habilmente ao longo das nossas experiências e encontros, se uma pessoa corresponde àquelas que estamos habituados a conviver, se somos do mesmo meio social ou profissional.

Antes mesmo de pensar em criar um laço com essa pessoa, de arriscar um encontro, os automatismos tomam à frente, nos impelindo a dar mais um passo ou nos impedindo de fazer isso.

Às vezes, é mesmo bastante útil, eu concordo, e não podemos agir e evoluir em nossas sociedades como um bebê recém-nascido sorridente mergulhado em ingenuidade.

No entanto, o convite do Pequeno Príncipe para saber julgar de acordo com outros critérios pode realmente nos ser útil.

De fato, e todos podem se dar conta disso,

com as nossas grades de critérios de julgamento debaixo do braço, que vão ficando mais afiadas a cada nova experiência de vida, como deixar espaço para a surpresa e a novidade depois de certo tempo? É aí que mora todo o limite desse sistema desenvolvido pelos adultos que somos: acabamos por nos fechar em um universo perfeitamente definido, no que diz respeito a conforto, comportamento, valores compartilhados. Os códigos estão rígidos, nada de novo pode passar pelas grades, exceto o que conhecemos, o que nos satisfaz, mas que acaba por nos confinar em uma bolha de tédio.

Todos nós temos sede de surpresas, de descobertas, somos caçadores de ouro em nossa vida. Mas como encontrar, por entre o fundo lamacento da areia, algumas pepitas, se a grade da peneira não deixa nada passar?

Apegar-se a valores diferentes daqueles que cultivamos quando conhecemos alguém? Por que não? Afinal, isso não demanda muito esforço, apenas nos permite acesso ao desconhecido, curioso, para talvez descobrir, com grande espanto, uma nova pepita de felicidade.

O dinheiro se tornou hoje o valor supremo capaz de pesar quase tudo; entretanto, nunca devemos perder de vista o fato de que o dinheiro não

SABER JULGAR DE ACORDO COM OUTROS CRITÉRIOS

passa de um medidor do que é visível, do efêmero, não das verdadeiras riquezas.

Desfilar em roupas caras e chamativas para "aparecer" deixa você mais feliz?

Julgar roupas caras e chamativas como se fosse um parecer categórico sem levar em consideração qualquer outro encontro possível deixa você mais feliz?

"Só se vê bem com o coração. O essencial é invisível aos olhos", a raposa nos repete. Esse é o segredo que ela transmite ao Pequeno Príncipe, o qual, por sua vez, nos oferece.

Pode caber a nós, a partir de amanhã, passar a questionar algumas de nossas certezas, opiniões, julgamentos arbitrários e prioridades, a fim de sairmos um pouco da nossa bolha de "verdades" e podermos nos maravilhar ainda com as surpresas a serem colhidas ao longo do caminho, como tantas delícias.

DIÁRIO DE BORDO
"Nossas grades de julgamento são apenas grades de prisão."

E MEU PEQUENO PRÍNCIPE ME DISSE...

*"O ouro não brilha nunca no fundo
de uma mina de sal."*

ACREDITAR E MANTER VIVA A ESPERANÇA

COMO O PEQUENO PRÍNCIPE

"É tão misterioso o país das lágrimas."

AGIR E PENSAR COMO O PEQUENO PRÍNCIPE

Então, o que você acha? As estrelas brilham para que cada um possa um dia encontrar a sua?

Nessa frase reside toda a esperança do mundo. É toda a fé que podemos ter na vida, quando os muros vão se fechando e acabam por esconder até mesmo o brilho das estrelas.

Aos cinco anos de idade, fui acometido por uma doença grave cujas consequências pareciam bastante comprometedoras para encarar nos anos seguintes, e passei semanas acamado no hospital, sem conseguir me mexer. Não vou mencionar aqui os numerosos desdobramentos sinistros que essa doença gerou na época, guardarei apenas uma única memória.

Era uma doença rara, desconhecida, sem nenhum tratamento possível, tínhamos que esperar para ver para que lado eu ia pender. Um dia, minha avó, voltando do Santuário de Nossa Senhora de Lourdes, levou para mim no hospital um cantil de água benta. Era em formato de coração, e minha avó me disse que, se eu bebesse um gole daquela água todos os dias, eu ia me curar.

Foi o que eu fiz. Um gole por dia, porque o cantil não era muito grande e o nível da água dentro dele ia diminuindo.

Mas, a cada gole daquela água, eu tinha a certeza de que ia me curar, tanto pelo poder do cantil quanto pelo da água. Falo dos dois porque, depois de alguns dias, percebi que o cantil tinha sido preenchido com água, secretamente. Eu não disse nada, não era importante, porque, uma vez que a água estava dentro daquele cantil, ela se tornava mágica e me curava. Eu estava convencido disso. O poder da infância...

Se hoje estou de pé ao escrever estas linhas, diante de você, é também por essa razão.

Acreditar, acreditar na cura, não perder a fé, em tudo, em qualquer coisa, até que a mágica aconteça.

Aquele cantil foi naquela época da minha infância a minha estrela brilhante. Uma estrela que me prometia que um dia eu sairia do meio daqueles muros. E foi o que eu fiz.

A crença é uma alavanca poderosa, muito além de qualquer religião. O Pequeno Príncipe acredita em sua estrela, e acredita que cada um possui a sua.

Será que também estamos profundamente convencidos sobre esta estrela a qual devemos nos unir ou confiar desde os primeiros passos da vida adulta?

Para alguns a resposta é "sim", para outros, essa estrela desapareceu... Por não acreditar nela. E, no entanto, todas as grandes personalidades que marcaram sua época, seja qual for a área de atuação, evocaram, mais cedo ou mais tarde, essa fé profunda, essa crença que possuíam em si mesmas, na vida, em um Deus. Não importa em quê, como no caso do meu cantil, apenas a fé inabalável importa para continuar, mesmo nas piores situações.

E se... Você me visse chegando...

Alguns de vocês, que estão me lendo agora, podem ter talvez perdido a esperança... Talvez seja a hora de levantar a cabeça e procurar a sua estrela.

E se você se deixasse levar por aquela força que tinha quando era criança, mas que talvez tenha abafado? O que você tem a perder por ainda acreditar que tudo é possível? Quem pode se dar a liberdade de impedi-lo de acreditar?

Em você? Na vida? Nessa promessa de que tudo vai melhorar? Que dogma, proibição ou preceito pode atrapalhar o seu caminho? Nenhum.

É apenas você, seu desejo, sua coragem e sua estrela brilhante. Apenas você e sua fé podem alcançá-lo.

Olhar para o céu é olhar para dentro de si para encontrar a criança ainda agarrada à sua estrela.

DIÁRIO DE BORDO
"Aconteça o que acontecer, é sempre o que há de melhor para nós. Aconteça o que acontecer, existe sempre uma estrela."

E MEU PEQUENO PRÍNCIPE ME DISSE...

"Eu me agarro sempre àquela estrela, àquela esperança louca de um dia me tornar outro."

SABER IR EMBORA... DEIXAR IR E NÃO FICAR MAIS SOZINHO

COMO O PEQUENO PRÍNCIPE

Saber ir embora, mesmo que isso nos dilacere, saber ir embora quando, como para o Pequeno Príncipe, é hora de continuar o seu caminho em outra parte.

Com frequência, ir embora não é uma decisão, mas uma necessidade desta vida que nos impele em uma direção, sem que vejamos claramente o destino que temos diante de nós.

Ir embora para seguir seu rumo é necessário, mesmo que isso signifique deixar por um tempo longe de si as pessoas que lhe são caras.

De nada adianta lutar contra isso, porque, a partir desse momento, estaremos lutando contra nós mesmos. Tomar um rumo não é uma escolha. A escolha é apenas um momento de aceitação, de digestão de uma vontade, de uma necessidade que se impõe a nós. Só podemos adiar o momento de ir embora, assim como a dor de ficar, como o receio de partir, mas, na verdade, quando esse momento chega, não há escolha.

É preciso saber ir embora na hora certa, em qualquer idade, tendo por única razão os estímulos que ainda nos inspiram, exatamente para nunca perdermos, em nossa vida adulta, a candura da criança que fomos.

Também é preciso saber deixar as coisas irem embora quando chega a hora. As pessoas que nos são próximas, nossos filhos, podem sentir esse chamado do mundo, por estudos, por trabalho, por uma história de amor...

Se realmente os amamos, mesmo com lágrimas nos olhos ao vê-los longe, devemos deixá-los ir embora, porque a felicidade deles na vida depende disso. O que mais podemos desejar para aqueles que amamos? Que gesto de amor mais belo podemos oferecer?

A busca do Pequeno Príncipe o levou a descobrir pessoas, experiências, mas acima de tudo a criar laços, a fazer amizades, para nunca mais se sentir sozinho em seu planeta.

É preciso do todo para criar um mundo. Mas isso não significa que seja necessário se acomodar com tudo, sob o pretexto de desejar pertencer ao grupo, e ter apenas falsos amigos. Foi assim que o Pequeno Príncipe buscou e escolheu seus amigos, longe do empresário e do bêbado. É assim que, cercado por seus vulcões e sua flor, mesmo longe da raposa, ele nunca mais estará sozinho quando olhar para as estrelas.

Às vezes, também nos sentimos muito sozinhos em nosso planeta. E, no entanto, não existem vendedores de amigos para adultos por aí, existem apenas amizades cujos apegos e impulsos se devem tão somente à nossa alma infantil, no que ela tem de mais sincero, sem desafios, sem competição, sem maquinações.

A amizade é a única verdadeira relação de igualdade. Ela tem um preço, o da nossa alma infantil, o da nossa sinceridade.

E, como no caso da raposa, a separação e a distância nunca impedem a amizade, desde que nos lembremos, como ela, da cor do trigo.

DIÁRIO DE BORDO
"Não espere que a vida lhe dê respostas, mas um caminho a seguir."

E MEU PEQUENO PRÍNCIPE ME DISSE...

*"E fazer um voto para que você
descubra que, além da vista,
há a visão, que a visão leva à
verdade, e que a verdade dissimula
a vontade da vida."*

E VOLTAR PARA
A SUA NUVEM...

COMO O PEQUENO PRÍNCIPE

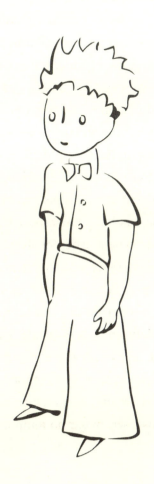

No preâmbulo "Sobre uma nuvem", citei a dedicatória de Saint-Exupéry como um fio condutor: "Todas as pessoas grandes foram um dia crianças – mas poucas se lembram disso".

Ao voltar para a minha nuvem, depois de ter atravessado os meandros de dúvidas e de questionamentos do Pequeno Príncipe, em busca de me reconectar à minha alma e ao meu olhar infantil, só posso responder a essa dedicatória com esta passagem do capítulo II: "As crianças devem ser muito indulgentes com as pessoas grandes".

Talvez seja assim que se esboce e se revele uma nova inclinação para se desenvolver ainda hoje em dia, saber ouvir, saber ser indulgente com aqueles e aquelas que se esqueceram de sua alma infantil.

E fazer o voto de um dia se tornar grande, grande o suficiente para ainda saber estender a mão para essa criança que não deixa jamais o nosso coração, que não abandona jamais seus sonhos e sua doçura, essa criança que todos nós continuamos a ser, apesar do tempo.

E MEU PEQUENO PRÍNCIPE ME DISSE...

"Preste atenção aos votos que você faz, eles se tornam realidade."

E ENCONTRAR O PEQUENO
PRÍNCIPE EM SEU ÂMAGO

NO ESPELHO, UMA CRIANÇA, UM REFLEXO DE SI

*"O mais importante é
invisível."*

Será que o Pequeno Príncipe em nosso âmago é capaz de renascer nesse jogo de espelhos?

Sim, se realmente o quisermos.

Sim, se realmente acreditarmos nisso.

Talvez seja necessário apenas fazer uma pergunta com toda a sinceridade para vislumbrar seu rosto no canto do espelho: "Quais são os sonhos e as pessoas mais importantes em sua vida hoje?".

1 _____

2 _____

3 _____

4 _____

5 _____

6 _____

7 _____

8 _____

9 _____

10 _____

NO ESPELHO, UMA CRIANÇA, UM REFLEXO DE SI

Agora compare esses sonhos com aqueles da sua infância, que você anotou no início deste livro.

Existem semelhanças, pontos em comum? Alguns desses sonhos se realizaram? Outros, que permaneceram em estado de desejos impossíveis, ainda fazem você vibrar apaixonadamente hoje em dia?

Faça uma síntese do presente e do passado.

O que sai dela? Daquilo que você realizou, daquilo que preza, daquilo que ainda sonha viver?

Agora, retome cada um desses elementos em um caderninho só para você, que será o seu diário de bordo e, para cada um desses elementos, projetos ou pessoas que você preza, anote o que faz ou o que poderia fazer para cuidar deles, para cultivá-los ainda mais do que faz hoje.

Eles são a chave da sua felicidade, o sussurro do seu Pequeno Príncipe.

Acredite em si mesmo, acredite nos sonhos que seu Pequeno Príncipe sussurra em seu ouvido, em tudo o que ele pode lhe oferecer novamente.

Pode ser que, olhando para as estrelas, os planetas se alinhem uma noite, o seu e o do seu Pequeno Príncipe, como em um passe de mágica.

BIBLIOGRAFIA

Je cartonne à l'oral, éditions de l'Opportun, 2020

L'art (très) délicat des prédictions, éditions de l'Opportun, 2020

Agir et penser comme James Bond, éditions de l'Opportun, 2020

Espions, petits et grands secrets, éditions de l'Opportun, 2020

Les meilleurs slogans de manif, First éditions, 2020

Légendes à la con (reedição ilustrada), First éditions, 2020

J'ai décidé d'être libre... c'est bon pour la santé, éditions Ideo, 2020

C'était Chirac, éditions de l'Opportun, 2019

Agir et grandir comme un chat, Albin Michel/ éditions de l'Opportun, 2019

Agir et penser comme un chat – Saison 2, éditions de l'Opportun, 2019

J'ai décidé d'être heureux... c'est bon pour la santé, éditions Ideo, 2019

Le chat en 500 citations, éditions de l'Opportun, 2019

Karma of Cats – coletivo de autores, Sounds True Editions (EUA), 2019

BIBLIOGRAFIA

Péter sans se faire griller, éditions Tut-Tut/éditions Leduc.s, 2019

C'est vraiment trop con de finir comme ça!, éditions de l'Opportun, 2019

Off – Ta vie commence quand tu raccroches, éditions de l'Opportun, 2018

Agir et penser comme un chat – Cahier d'exercices, éditions de l'Opportun, 2018

Catissime, éditions de l'Opportun, 2018

#Balancetonmacho – Les Oscars de la misogynie, éditions Tut-Tut/éditions Leduc.s, 2018

T'as pris combien? 9 mois, comme tout le monde, éditions Tut-Tut/éditions Leduc.s, 2018

Bienvenue dans le Ch'nooord, éditions Tut-Tut/éditions Leduc.s, 2018

Super Radin, éditions de l'Opportun, 2017

Agir et penser comme un chat, éditions de l'Opportun, 2017

Le chat en 500 citations, éditions de l'Opportun, 2017

Ma vie en mode feignasse, Fergie & Stéphane Garnier, éditions de l'Opportun, 2017

Comment le petit Mélenchon est devenu le plus grand!, éditions de l'Opportun, 2017

Légendes à la con, First éditions, 2017

La lutte, c'est classe!, First éditions, 2016

Perles de politiques, First éditions, 2015

Perles de people, First éditions, 2015

L'homme sans contrainte, éditions Max Milo/ Alpharès, 2014

Il y a l'océan, roman, TdB éditions, 2009

**Acreditamos
nos livros**

Este livro foi composto em Adobe Caslon Pro e impresso pela Gráfica Santa Marta para a Editora Planeta do Brasil em setembro de 2021.